”大人になっても困らない子ども“を育てる親の役割とヒント

川村学園女子大学名誉教授
教育学博士　斎藤　哲瑯

悠光堂

目次

はじめに　8

1章　ちょっと気になる最近の子どもたち
—自立を阻む親の言動—　11

1　気になる子どもたちの言動　11
2　自立とは何か　—2つの視点から自立を考えよう—　17
3　子ども自身で「発達課題」を乗り越える努力を　21
4　教え込むことだけが教育ではない　26
5　心はかけても手はかけない　42

2章　本物の体験が子どもたちを劇的に変える　48

1　家のお手伝いが自立の第一歩　48
2　野菜づくりでモノの大切さに気づく　54
3　自然体験活動のすすめ　59
4　危険から身を守るために　68

3章　「家庭が楽しい」は子どもたちの心のバロメーター　75

1　家庭生活と子どもたち　75
2　家庭が楽しいと学校も楽しくなる　81
3　家庭が楽しくなる努力を　86

4章　学校にしつけを押しつけない
―歪む学校と家庭の関係―　89
1　学校にしつけを押しつける保護者　89
2　親・保護者の悩み、教師の悩み　94
3　保護者から学校へのクレーム　103
4　保護者と教師が双方に望むこと　107
5　保護者と教師の良い関係づくりを　109
5章　子どもの悩み、親の不安　111
1　子どもたちが抱える課題　111
2　親の不安や心配ごと　120

3　悩みを一人で抱え込まないこと　123

6章　食事が変える心の健康　124

1　気になる子どもたちの健康　124
2　夕食後の行動　128
3　『食』は人間関係の基本　129
4　『食』の大切さを思いやろう　132

7章　地域との連携が子どもたちを変える
―今問われるＰＴＡのあり方と、学校支援地域推進事業の展開―　134
1　ＰＴＡに期待すること　134
2　地域ぐるみで子どもを育てよう　148

8章　教育はどうあるべきか　158
1　子どもたちの本音　158
2　「教育」はどう変わるべきか　164
3　教育の〝３Ｒ〟に、もう一つの〝Ｒ〟を加えよう　173

あとがき　176

【資料1】子どもや親からの相談　179

【資料2】〝お子さんとの関わり方は！〟　200

【引用文献等】　207

【子どものいじめ相談・保護者の子育て相談などの窓口】　210

はじめに

今、子どもたちの自立心や社会性の欠如などが指摘されていますが、果たしてこれらは今の時代だけの特性なのでしょうか。

実は、最初に私が子どもたちの言動に疑問を抱く出来事に出あったのは、45年前に遡ります。一つは、夏休みに子どもたちと海岸を歩いていたとき、10歳の女の子が満天の星を見て「お空がジンマシンみたいで気持ち悪い」と発言したことです。自然現象を病名で表現したことに、それこそ私もジンマシンが出そうなくらい驚きました。もう一つは、都会育ちの小学1年生の男の子が「落ちていたから拾っていった」と、わが家の畑からスイカの一つを持ち帰ったことです。〝スイカはデパートでつくるもの〟と思っていたらしく、実際にスイカの実がなっているのを見たことがなかったのです。子どもにすれば、おまんじゅうも、スイカも、建物の中で作られていると思い込んでも不思議ではありません。経済成長に歩調を合わせるように、自然豊かな田舎を離れて人が都会に集中していったときから、このような状況はすでに始まっていたのです。

私はこれまで、子どもの目線で社会を見つめてきました。なぜなら、大人はいつも正論を説き、一方的に子どもたちに指示していますが、「大人はずるい。責任逃れをするし、信用できない」と言う子どもたちの声を、何度も耳にしたからです。信頼のないところに教育は成り立ちませんし、良い人間関係ができるはずもありません

昔から〝子どもは大人の合わせ鏡〟と言われてきました。また〝子どもを見ればその国の文化や地域、家庭がわかる〟と言われるぐらい、子どもたちは家庭や社会から多くを吸収しているのです。「今の若者はあいさつもろくにできない」「礼儀を知らないし、マナーがなっておらん」と大人は言いますが、その責任は本当に子どもたちにあるのでしょうか。私たち大人は、子どもたちの見本となっているのでしょうか。彼らの声にじっくりと耳を傾け、真剣に話を聞いているのでしょうか。子どもとの信頼関係づくりに努めているのでしょうか。

子どもたちの実情がわからないまま、大人の意見を一方的に押しつけるだけでは問題の解決につながらないと考え、これまで総合的な視点から子どもを取り巻く教育的な課題を探るため、子ども、保護者、教師、市民、大学生等を対象に各種の調査を行ってきました。

その結果、ここに具体的な問題点や課題を明らかにすることができました。

この本は、あくまでも「小中学生」を軸にしてまとめたものですが、「子どもの成長」は日々の積み重ねですし、人間が持っているおよそ１４０億の脳神経細胞は、種々の刺激を受けながら、3歳くらいまでにその組み合わせの約6割ができあがると言われています。人生の基本となる乳幼児期がとても大切なことがおわかりいただけるでしょう。

今、子どもも、親も、教師も、何らかの悩みを持っています。しかし、時代の影響を受けて問題は複雑に絡み合っているため、もはや、単独で解決することは不可能な状態にあります。どこに問題があるのか、その原因や背景は何なのか、みんなの知恵を集約して、子どもの将来を見据えた広い視野から解決に向けた取り組みが急がれます。

子どもの問題は、大人の問題でもありますし、子どもは日々成長していっていますので、乳幼児の保護者や保育園・幼稚園の先生方にも読んでいただきたいと思っています。

平成27年12月

斎藤哲瑯

1章　ちょっと気になる最近の子どもたち
—自立を阻む親の言動—

1　気になる子どもたちの言動

子どもが関わる事件や事故が起こるたび、今の子どもたちの現状や社会性の欠如を危惧する声が挙がります。

今の子どもたちは昔とどう違うのか、実際に子どもたちと接する中で経験した気になる言動を紹介しましょう。

■「カブトムシの電池は、どこから入れるの」と聞いてきた男の子

以前、数名の子どもたちが路上でカブトムシに糸を結びつけて遊んでいる光景に出会い

ました。扱い方があまりにも荒いので、「もっと優しくしてやらないとカブトムシがかわいそうだよ」と言いつつ、しばらく様子を見ることにしました。

「そうだよ、かわいそうだよ」と言って糸をほどく子もいたのですが、そのうちの一人が何を思ったのか、突然、タコ揚げのように糸を持って走り出しました。アスファルト上をバウンドしながら転がっていくカブトムシの姿を見て、何ともやりきれない気持ちになったのはもちろんですが、その子に「おじさん。このカブトムシ動かなくなったよ。電池はどこから入れたらいいか教えてよ」と聞かれ、驚きました。「どうしてそんな質問するの」と聞くと、「だって家にあるカブトムシは、新しい電池を入れたら動くようになるんだもん」と答えたのです。カブトムシはすでに死んでいましたが、本物とオモチャの区別がつかなかったようです。

ある調査[①]では、「死んだ人が生き返ると思っている」と答える子が15%もいました。その理由は、「生き返る話を聞いたことがあるから（テレビ等を見て・本を読んで・人の話を聞いて）」が半数を占め、自由記述では「祈れば人は生き返ると思うから」「医学が発展すれば人は死んでも生き返ることができると思うから」などと書かれていました。

かつては、赤ちゃんの誕生、家族の病気や死を家庭において普通に経験し、誕生の喜びや別れの寂しさなどを身近に感じたものです。今では、これらのほとんどが病院などで行われるため、それを実感することが難しくなってきたと言えます。私自身の経験を振り返ると、肉親や隣近所の人の死はもとより、ウサギ、ヤギ、鳥などの動物を飼ったことから、命の尊さや大切さを教わったように思います。

■自分でお尻が拭けない小学生

家庭でシャワー付きの洋式トイレが普及してきたことで、和式のトイレが使えない子、誰が使ったか分からないトイレは気持ち悪いと公衆トイレが使えない子が出てきています。また、全自動トイレに慣れたことでトイレの後に水を流さないまま出てくる子もいます。こうした状態から、「5K」（臭い、汚い、暗い、怖い、壊れている）と評判の悪い学校のトイレを使いたがらない子が増えているのもうなずけます。

あるとき、小学1年生になってもお母さんにお尻を拭いてもらっている男の子の話を聞きました。手を汚したままトイレから出てくるわが子の姿を見て、母親はただ「汚いから」と、深く考えないまま尻ぬぐいをやっていたのです。この状態が続けば、母親が側にいないとトイレに行けなくなってしまいますし、自宅以外のトイレを使うことができなくなります。トイレ恐怖症にもなりかねません。

トイレが原因で、最近、外出を嫌う子が増えていますし、野外活動やキャンプに参加すると、必ず何人かが便秘になります。時には発熱する子まで出てきます。今の子どもたちにとって、トイレは深刻な問題の一つになっています。

■友だちの家の呼び鈴が押せない子ども

小学1年生の男の子の話です。学校の仲間が家に遊びに来るほど友だち関係は良いし、学校にも楽しく行っています。しかし友だちの家に遊びに行くとき、玄関先までは行けるのですが、どうしても呼び鈴が押せないのです。気持ちを奮い立たせて何とかしたいと思っているようですが、どうもうまくいかず、やむなく帰ってきてしまいます。「あら早かったわね。○○君とケンカでもしたの?」とママから聞かれると、「○○君はいなかった」と、つい嘘をついてしまうとのことです。

もしこの事実が明らかになったら、親はどういう態度を取るのでしょうか。きっと「あんたはどうしてそんな簡単なことができないの！　もう一度行ってらっしゃい」となるのは目に見えてきます。

もしかしたら、〝ボタンを押して、お父さんやお母さんが出てきたらどうしよう。その時は、何とあいさつをしたらいいのだろうか〟などが頭に浮かんでくるのかもしれません。

■同年齢の子を怖がる子ども

幼稚園に通う4歳の女の子の話です。園には毎日出かけるのですが、そこでは一切口を閉ざして誰とも口をきこうとしません。一人で砂遊びをすることが日課のようになっており、一緒に遊ぼうと近寄ってくる子どもには、ぷいと背を向けてしまいます。

この子は、両親やきょうだいとはよく話をするのですが、実はこれまで同年齢の子どもと遊んだ経験がほとんどなかったため、他の子とどう付き合ったらいいのか、どのように会話をしたらいいのかがわからないのです。この頃の子どもはとかく自己中心的な言動が多いので、関わり方が余計に難しいところがあります。

ここに取り上げたいくつかの事例は、学校に上がる前には子ども自身が乗り越えておかなければならない基本的なものです。最近、自分のことが自分でできないまま入学してくる子、コミュニケーションがうまく取れない子などが増えていることから、学校では生活指導などに時間と労力を取られてしまい、その結果として学校の教育力の低下を招いています。また、こうした言動は、「自立心」や「社会性」の欠如となって、子どもたちの「生きる力」を育むことにつながっていきません。

生きる力を備えることとは、つまり、自立を意味します。子どもの自立を促すのに重要な役割を担っているのは親です。ですから、「子どもの自立とはどういうことか？」「自立させるためにはどうしたらよいか？」「親としてしなければいけないこと、してはいけないことは何なのか？」を考えてほしいのです。そこでこの自立についてあらためて考えてみましょう。

2　自立とは何か　—2つの視点から自立を考えよう—

よく「経済的自立」「社会的自立」などと表現されますが、この「自立」とは何を指すのでしょうか。この「自立」について、ここでは二つの視点から考えてみることにします。

(1) 生き物としての自立

動物が一匹で生きていくために何が必要かというと、「安全を確保しながら、自分の命を自分で守り、自分で餌をとって食べること」と言えます。このことは私たち人間にとっても同じで、生き物としての基本であり、最も大切なことです。

牛や馬などは生まれてからしばらくすると立ち上がることができますが、それは、危険から逃げること、母親にミルクを求めて自ら移動することができることに通じます。これこそが動物としての「自立」の第一歩なのです。

人間の赤ちゃんは、生まれてから直ぐに立ち上がることはできません。ただ泣き叫ぶか、わずかに手足を動かすだけです。生き物としては全く未熟な状態で生まれてくるため、生まれてから長い時間をかけ、経験や体験を積み重ねつつ、一つ一つ習得していかなくてはなりません。これが動物と大きく違う点で、習得していくプロセスがとても大事になってきます。

動物の親は、まずは子どもを現場に連れて行き、実物を見せながら食べていいものかいけないものか、天敵から逃げる方法などを教えています。これが「生きる力」として親が子どもに教えなければならない「教育」の原点と言えるでしょう。子どもは、それを日々繰り返しながら身につけていかなくてはなりません。これが「学習」ですが、学習の「習」に付いている「羽」は、鳥が巣立つ前の羽ばたきの大切さを意味しています。この「教育」と「学習」とがうまく機能し合ってこそ、初めて動物の子どもは独り立ちが可能になりますし、これらがうまくいかなければ間違いなく死につながります。

私たち人間も動物の一員ですから、この生きるための基本をしっかりと子どもたちに伝えていかなくてはなりません。これが親の役目の一つです。家庭ではこのような「生きる力」を基本において、子どもの自立を考えていくことが重要になってきます。

(2) 社会的な自立

もう一つは人としての「社会的な自立」ですが、人間は社会に出て他人と良い関係を築きながら生活をしなければなりません。この社会的な自立は、次の三つの要素から成り立っています。

一つ目は、「自分で考えて自分で決断し、決断したことは自分で実行し、行った言動に対しては自分が責任を持つこと」です。このどれか一つが欠けても、一人前の社会人とはみなされません。

例えば、会社の上司からアイディアを出すよう指示されたとしましょう。それに対して「自分は考えるのが苦手なので課長から指示してください。そうしたら言われたとおりにやりますから」と答えようものなら、「君は、明日から会社に来なくてよろしい！」となるでしょう。

二つ目は、「人を傷つけてはいけないこと」「人をだましてはいけないこと」「人の物を盗んではいけないこと」の最低限の社会的なルールの習得です。私たちの社会は信頼関係の上に成り立っています。もしこのルールのうちのどれか一つでも犯したら、法的な処罰の対象になりますし、良い人間関係はつくれません。

三つ目はとても難しいことですが、「あの人といるとホッとするね」「あの人は信頼できるね」と言われるような、思いやりや信頼のおける人間になれるかどうかです。これは、世界のどこでも通用することです。

本来、人間は自己中心的かつ自己保身的な生き物です。「智に働けば角が立つ。情に棹させば流される。意地を通せば窮屈だ。兎角に人の世は住みにくい」（「草枕」）と夏目漱石が語るように、他人との関わりは本来とても煩わしいものです。自分の思い通りに物事は進みませんし、そのことが不満やストレスとなって人間関係が悪化していくことは日常茶飯事です。社会では、いやな人、嫌いな人とでも何らかの関わりを持ちつつ、生きていかなくてはなりません。

今の子どもたちは「デジタル人間」と称されるくらい友だち関係が二者択一的になり、嫌いな者や意見が合わない者はバッサリと切り捨てる傾向にあります。また、〝煩わしいことには関わりたくない〟〝いやなことは見て見ぬふりをする〟など、人間関係から逃げてしまっています。

生きていると様々な問題や課題にぶつかりますが、そこから逃げるのではなく、これらの課題を自分の力で乗り越え、解消していかなくてはなりません。それが「成長」につながり、人として自立できるのです。人生の基礎づくりとして、子ども時代はとても大切な時期です。そこで、自立のために、子ども時代にクリアしていかなくてはならない課題について考えてみましょう。

3　子ども自身で「発達課題」を乗り越える努力を

子どもの自立には、生き物としての自立と、社会的な自立の二つが必要だと先ほど述べました。では実際、我が子を自立させるには具体的にどうしたらいいのでしょうか。教育学分野では、発達段階に見合った課題を具体的に示した「発達課題」[②]というものがあります。

アメリカの教育社会学者ハヴィガーストは、「人間が成長発達していくためには、発達段階に見合った各種の課題を、各人が乗り越えて行かなくてはならない」として発達課題という考えを提唱しました。そして、人生を「胎児期」「乳幼児期」「児童期」「青年期」「壮年期」「中年期」「老年期」に分けて、それぞれに発達課題を設けたのです。

ここに人生の基盤づくりとして大事な「乳幼児期」をはじめ、「児童期」、「青年期」までの発達課題を取り上げてみます。

〈乳幼児期〉…誕生から5歳頃

①歩行の学習
②固形の食物をとることの学習
③話すことの学習
④排泄の仕方の学習
⑤性の相違や、性に対する慎みを学ぶこと
⑥生理的安定を得ること
⑦社会や事物についての単純な概念を形成すること

⑧ 家族や他人と情緒的に結びつくこと
⑨ 善悪を区別することの学習と良心を発達させること

〈児童期〉…6歳から12歳頃

① 日常の遊びに必要な身体的技能の学習
② 成長する生活体としての自己に対する健全な態度を養うこと
③ 友だちと仲良くすること
④ 男子として、女子としての社会的役割を学ぶこと
⑤ 読み、書き、計算の基礎的能力を発達させること
⑥ 日常生活に必要な概念を発達させること
⑦ 良心、道徳性、価値判断の尺度を発達させること
⑧ 人格の独立性を達成すること
⑨ 社会の諸疑問や諸集団に対する社会的態度を発達させること

〈青年期〉…13歳から22歳頃

①同年齢の男女との洗練された新しい交際を学ぶこと
②男性として、また女性としての社会的役割を学ぶこと
③自分の体の構造を理解し、体を有効に使うこと
④両親や他の大人から情緒的に独立すること
⑤経済的独立について自信を持つこと
⑥職業を選択、準備すること
⑦結婚と家庭生活の準備をすること
⑧市民として必要な知識と態度を発達させること
⑨社会的に責任ある行動を求め、それを成し遂げること
⑩行動の指針としての価値や倫理の体系を学ぶこと

彼は、「個人が学ばなければならない諸々の課題（生涯の発達課題）は、我々の生涯においで健全な成長をもたらすもので、その課題を立派に成就すれば個人は幸福になり、そ

の後の課題も成功するが、失敗すれば個人は不幸になり、社会で認められず、その後の課題の達成も困難になる」と説いています。そして「教育とは、人が発達課題を達成するのを援助することである」と論じ、「人として成長発達していくためには、それぞれの段階における課題を、各人が自らの力で習得していかなければその後の健全発達は難しい」とも述べています。

つまり、乳幼児期に掲げてある発達課題の全てを、子ども自身が消化していかなければ、次の児童期の発達課題を乗り越えることができないと言うことです。もし、それらが未消化のまま累積されていくと自立心や社会性が身につかず、結果的に子どもは十分な成長ができずに苦しむことになってしまうのです。

彼が提唱した1930年代に比べて、急変する今の時代においては新たな発達課題が考えられますが、いずれにしても、これらは人として成長していくための基本的な課題ですから、子ども自身で乗り越えていくように支援していくことが、親の役割といえます。

最近、乳幼児期や児童期の発達課題をクリアしないまま入学してくる子どもが増えています。小中学校の教師が「保護者に望むこと」③を調べてみると、「子どものしつけをもっとしてほしい」が最も多く63％、以下「保護者はもっと社会性を身につけてほしい」45％、「子どもを甘やかしすぎないようにしてほしい」41％、「家庭が楽しくなるようにしてほしい」30％などが挙がっています。

実際には、ほとんどの親御さんは子どもが自立できるように努力されていると思いますが、それでも、自立できていない子どもが増えているのはなぜなのか。次にその阻害要因について考えてみましょう。

4　教え込むことだけが教育ではない

私たちは、教える側と教わる側との関係を通して、多くのことを学びます。特に、〝人生最初の教師は親である〟と言われるように、人生の基礎づくりとしての家庭教育はとても大事です。

意図的な教育と無意図的な教育

「広辞苑」では、「教育とは、教え育てること。望ましい知識・技能・規範などの学習を促進する意図的な働きかけの諸活動」と説明しています。つまり、「教育とは、ある人が他の人に意図的に働きかけて、望ましい姿に変化させ、価値を実現させるための行為」と言えますし、「意図的な教育」と言うことができるでしょう。

私たちは、この意図的な教育が教育と考えて、「〇〇してはダメでしょう。このようにしなさい」と、子どもには一方的に教え込もうとします。ところが、「門前の小僧習わぬ経を読む」がごとく、子どもたちは周りの人々の言動や社会環境から多くを習得していきます。これを「無意図的な教育」と言います。

教育はこの「意図的な教育」と「無意図的な教育」の両面から考える必要がありますが、その基本には、親子の信頼関係の構築が不可欠です。

子どもの自立を促すためには、この「無意図的な教育」を意識しながら、親がすべきことは何かを考えてみましょう。それは、子どもの持っている知識が社会の中で使えるように仕向けることに他なりません。つまり実体験させることです。知識とはわかるようになること、技能とはできるようになることとすると、「この知識と技能の両者が伴って社会で使えること」にならなければ本物の力は備わってきません。この実践して体得しなければならない技能の習得が不十分なため、子どもたちは自信をもって物事に取り組むことができず、どうしても逃げ腰になってしまいます。失敗を恐れないで、家庭や地域社会における実体験・本物体験に、親はもっと力を注ぐべきです。

今は、いい意味でも悪い意味でも過保護になりすぎています。子どもを守ろうと、親が体験をさせないことで子どもたちの言動や自立にどのような影響があるのでしょうか。ここで、子どもたちの自立を妨げている親の言動や社会的な要因について、少し考えてみましょう。

要因1　親の過干渉

ある新婚カップルの話です。結婚後しばらくして、事の行き違いで夫婦ゲンカになったそうです。彼は何とか矛を収めて仲直りをしたいと考えたものの、どうしたらよいかわからず、「今、妻とケンカをしているけど、仲直りをするにはどうしたらいいか教えて」と、田舎の母親に電話を入れたと言うのです。それを知った彼女の怒りは倍増し、その後の関係がうまくいかなくなって、結局別れることになりました。

また、いわゆる一流大学卒のある新入社員の話です。会社は、将来の幹部候補生の一人と考え、若いうちにいろいろ経験をさせようと、企画の仕事を希望していた彼を新入社員研修終了後に庶務部に配置しました。ところがその翌日、彼の母親が会社に乗り込んできて、「私の息子をなぜ庶務部に配置したのですか。企画の仕事がしたくてこの会社を選んだのです。すぐに企画に回してください」と、えらい剣幕でまくし立てたといいます。数ヶ月後、彼の姿は会社から消えていました。

このように、いい歳をした子どもが自分の意見を持たない、感情も失ったロボットのようになってしまうのには、親の過干渉が大きく問われています。子どもへの過干渉は、子どもの社会性、協調性、積極性などを奪い、子どもを指示待ち人間にする恐れがあります。また、責任感、やる気、達成感、感動・感謝の気持ちの喪失にもつながっていきます。

とかく親とはうるさいものです。「早くしないと学校に遅れるよ。何をグズグズしているの」「またジュースをこぼしたの。あんたは何をやってもダメね」と、何かにつけて叱ります。この時、もし子どもが「ママだってこの前お茶碗割ったじゃないの！」と反論しようものなら、「親に向かって何てことを言うの」と怒りは倍増し、双方には感情的なしこりだけが残ってしまいます。これでは、子どもは何を言ってもダメだと、口を閉ざしてしまいます。

特に気をつけてほしいことは、「あんたは何やってもダメね」といった人格否定につながるような叱り方は絶対にしないことです。否定からは、決して良い結果は生まれませんし、否定され続けると〝自分は本当にダメな人間だ〟と、自信喪失につながっていく恐れがあります。

例えば、「ジュースがこぼれたの！　服は汚れなかった？　それは良かった。じゃあ、すぐに洗濯した方が良いね」と言ってみてください。少々親の我慢が必要ですが、このような対応ができれば、感情的なしこりはお互いに残りませんし、子どもは今度から気をつけようと思うに違いありません。失敗は誰でもありますから、相手の行為を否定的に捉えないように注意したいものです。言葉も刃物と同様に相手を傷つける力を持っています。特に心の傷は治りにくいので、使い方には大いに気をつけなければなりません。

要因2　形だけの体験

親子の「野菜づくり教室」でのことです。マスク、手袋、帽子、長袖、長ズボン姿で参加した一人の男の子がいました。「風邪を引いたの？」と聞くと、「ママがこうしなさい」と言ったといいます。母親に尋ねたところ「破傷風が心配なので、土には直に触れさせないようにさせています。また、土の中には○○菌がいて、それを吸い込むと○○病にかかる危険性があります」との返事でした。子どもは月光仮面そのもので、顔のほんの一部しか肌は出ていません。何のための芋掘りなのか大いなる疑問を感じましたし、子どもにとって楽しい芋掘りになるとはとても思えませんでした。

農家の人たちは土を素手でつかんで、温度、湿度、硬度などを確かめますし、時には舌の上に乗せて確認することさえあります。播種、水やり、草取り、摘果などをしつつ、野菜や果物と対話しながら愛情を持って育てています。

ある小学校では、花の成長を観察し記録させようと「ノースポール」を植えることにしました。移植の当日、子どもたちに苗を一人ずつ渡すのですが、その一方で先生方は、〝もし途中で枯れたら子どもたちが可愛そう〟と、いつでも苗の補充ができるように別の場所に内緒で苗を植えていたそうです。

学校では〝植えたものは完全な形で育たなければいけないし、枯れることはあってはならないこと〟のようですが、自然界では発芽しないもの、途中で枯れるのはあたりまえです。植物が百パーセント生長することはあり得ません。「なぜ枯れたのか。どうして発芽しないのか」と、子どもたちと一緒に考えていくことの方がよほど教育的です。

こうした潔癖主義や失敗を許さない考え方は、子どもの忍耐力やチャレンジ精神を奪うことにつながります。インフルエンザ、O-157、ノロウイルスなどの感染症が発生すると、家庭や学校ではうがいや手洗いの励行に力を注ぎます。大人が子どもを病気から守ってやることは当然ですが、抗菌グッズの過度の使用などもあって、逆に病気に対する抵抗力の低下につながっていくことが心配です。

「危ないことはさせない」「全員が同じように、物事は完全でなければいけない」との考えが強すぎるあまり、本物体験とは名ばかりのものとなっているのです。

プランターや植木鉢を使って、子どもたちにトマトなどの簡単な野菜づくりをさせてみてください。物を育てることの難しさや楽しさなど、きっと何かを感じるはずです。

要因3　目を見ないコミュニケーション

警察庁の調査（図1）[4]によると、「交流サイト」で知り合った相手から、わいせつ行為や買春などの被害を受けた18歳未満の子どもは、平成26年度は全国で1，421人いたことがわかっています。この数字は、平成20年に統計をとり始めてから最多となり、特にツイッター利用の被害者が6倍近く増えています。その内訳は11歳以下17人、12歳50人、13歳121人のようになり、実に15歳以下が743人と過半数を占めています。最年少は9歳でした。また、交流サイト利用について、保護者から注意を受けていなかった子どもは5割を超え、学校の指導もなかった子が3割

図1　交流サイトで被害を受けた子どもたち

平成26年警察庁

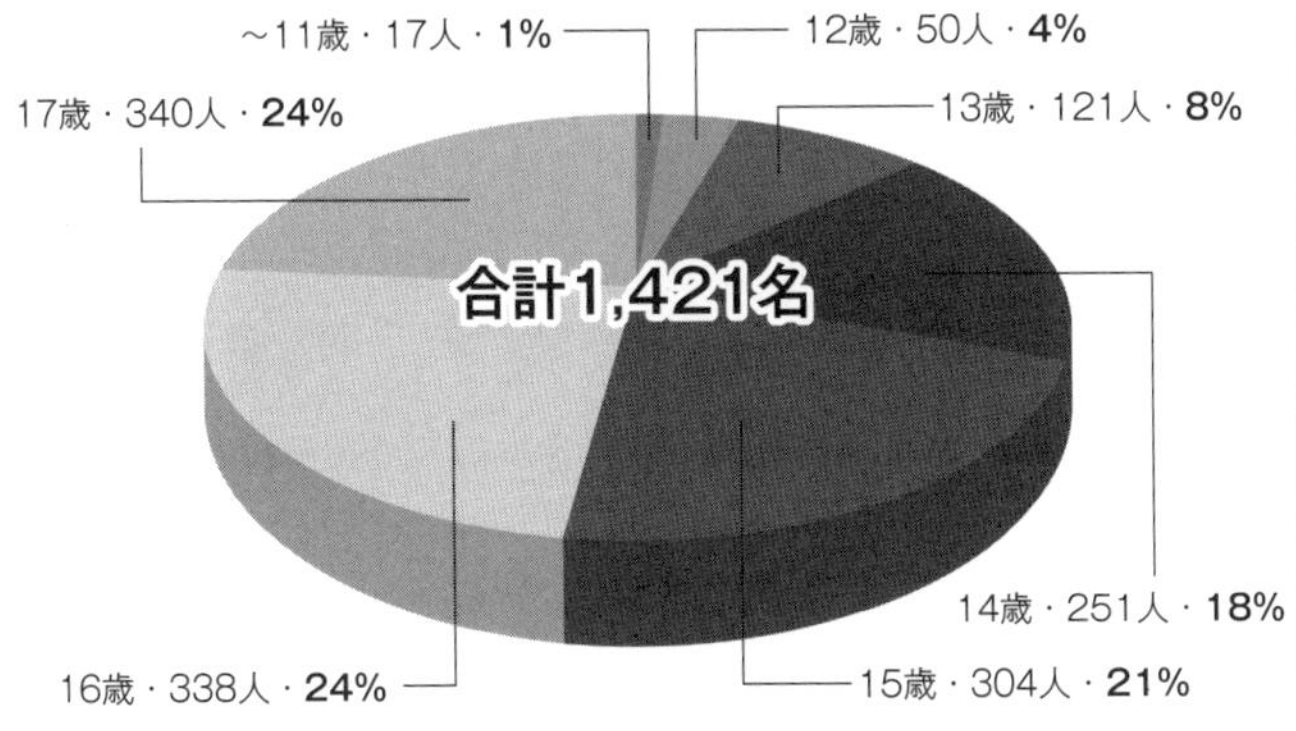
~11歳・17人・1%
12歳・50人・4%
13歳・121人・8%
17歳・340人・24%
合計1,421名
14歳・251人・18%
15歳・304人・21%
16歳・338人・24%

いることも明らかになっています。

最近では、テレビ・ゲーム、パソコン、スマホなどの普及により外で遊ぶ時間や運動量が減少したことに加えて、人と人との直接的なコミュニケーション能力が弱体化してきています。本来人間は、相手に直接自分の考えを伝えるとともに、相手の話を聞くことによって相互理解を図ります。そこでは、目の動き、声の調子、動作などから自分の感覚をフル回転させて相手を理解しようと努めてきましたし、「君の話はわかった」と言われても、相手の言動からそれが本当かどうかは何となくわかるものです。

ところが、相手の顔を見ることなく行き来する今日の文字や映像の情報は、それが正しいものかどうかもよくわかりません。また、相手に直接言えなかったことを簡単にメールで送ることができるので、煩わしさもないし、いやな思いをすることは少ないのかもしれませんが、社会に出るとそれだけでは済まされません。嫌みを言われたり叱られたりしながらでも、仕事をしなければならないのです。これらの機器を使うことによって、自分の思いが正しく伝わらなかったため、誤解を生んでかえって関係が悪くなった例はたくさんあります。言葉は、自分の思いを相手に伝えることができるので、人間関係をよくするためにも相手との直接対話から逃げてはいけないのです。

子どもが安易にだまされて、凶悪事件に巻き込まれる事例が増えています。知らない人とのメールアドレスの交換や、あやしいホームページなどは不用意にクリックしないように気をつけましょう。簡単に使えるからこそ危険な一面がありますので、パソコンやスマホの使い方に十分注意するとともに、情報やコミュニケーションの持つ意味などについて、家族で真剣に話し合ってもらいたいです。

要因4　「危険＝禁止」

かつて新入生と、〝イワナを捕まえて塩焼きにして食べよう〟という計画を立てました。彼女たちの多くは、生きている魚を捕まえたこともなければ、魚を殺したり、腸を取り出したりした経験もありませんでした。包丁を片手に、血や腸を見ては驚いて飛び上がるので危なくて側には近づけないし、とにかく大変な騒ぎとなりました。さらに驚いたことは、2割の学生が「殺した魚がかわいそう」「魚の目が私を睨んでいる」と、食べないのです。なかには「目玉がついているのが気持ち悪い」などと言い出す有様です。「何を言ってるんだ。目玉のついていない魚が泳いでいる方がよほど気持ち悪いだろう」と言ってはみたものの、何ともやりきれない気持ちになりました。

「女子大生の食に関する調査」[5]をみると、「刺身を作ったこと」が「全然ない・ほとんどない」が80％でした。また小中学生[6]も「包丁やナイフで果物の皮をむくこと」を「全然していない」25％、「しないときが多い」21％。「カマやナタで物を切ったり割ったりしたこと」が「1回もない」52％、「1回だけある」14％と答え、刃物を使ったことのない青少年が確実に増えてきています。

「転んでケガをするから走らないで！」「危険だから木に登ってはいけません」と、子どもに注意している親の姿をよく見かけます。学校で刃物による殺傷事件が多発するようになってからは、〝刃物は危険だから使わせない〟が正論のごとく語られ、全ての子どもから刃物を取り上げてしまいました。それに合わせるように、家庭でも刃物を使わせることが極端に少なくなり、今では、鉛筆が削れない、魚がさばけない、果物の皮がむけない、といった子どもが多く出てきています。

最近一年間の交通事故による死者[7]は、4千人を超えていますが、だからといって〝車は危ないから社会からなくそう〟とはなりません。車や刃物は生活必需品ですし、使い方を間違えれば必ずケガや事故・事件は起こります。削る、裂く、切る、などの便利な機能を持つ刃物は、どんなに科学が発達しようとも絶対になくならないでしょう。ですから、私たちは危険を承知の上で刃物を使わなければなりませんし、その正しい使い方を教えるのが教育本来の姿です。

道具（刃物）を使わせないということは、日本の刃物文化、技術やその知恵の断絶につながり、教育上決して好ましいことではありません。つまり、「危険＝禁止（使わせない）」の方程式は間違いであって、刃物を取り上げる方がむしろ問題です。

今の子どもたちは、やったことのないことに対してはとても慎重ですし、きついことや辛いことは簡単に途中で止めてしまいます。そして、屋外や自然を相手に遊んだことが少ないため、走るのは苦手なようですし、走るとすぐに息は上がり、よく転びます。転んだとき、自分の体を支えることができないため、顔をケガする子や腕を骨折する子が増えてきています。ちょっとした擦り傷ができようものなら、親も一緒になって大騒ぎになります。このままでは、忍耐力や積極性も育まれてはきません。

世の中は危険だらけですし、私たちは失敗なくして物事を達成することはできません。失敗しないように気をつけることは大事ですが、これは子ども自身が考え、次回から失敗しないように気をつけることであって、親が子どもに失敗させないようにすることとはまったく違います。子どもは失敗を通して成長していきますので、親は失敗を恐れないで、あえて失敗をさせるぐらいの気持ちを持つことです。

要因5　「点数至上主義」

「子ども・若者白書」⑧によると、15歳から34歳の非労働力人口のうち、家事も通学もしていない「無業者若者」は63万人に達し、このうち15～34歳人口に占める割合は2.3％で、これは平成7年の1.2％から倍増してきています。

無業者若者の増加は、子どもの評価が学校の成績（数値）による、いわゆる「点数至上主義」に関係しています。子どもたちには良い成績を取ることだけが求められ、友だち関係は競争相手にこそなれ良い関係を築くことが難しい状況になります。またこの数値評価は、個性や情緒面などが加味されないため人間性無視につながり、結果的に逃げ道は塞がれ、居場所や自分を認めてくれる仲間もいない状況に追いやられていきます。

また、学校卒業後の進路がこの数値評価だけで決められることから、自分の希望を押し通すことができないまま、他から提供されたベルトコンベアーにただ乗っかっているだけになってしまいます。このようなまぬるい温室育ちの若者たちですから、社会人になって初めて壁にぶつかったとき、それを乗り越える力も方策も身につけていないため、離職に至るケースが増えています。

点数至上主義の世界では、自分の存在感を味わうことはできにくく、ストレスはたまるばかりですので、逃げ道やくつろぎの場を提供する必要があります。家庭には「安らぎの場所」という意味がありますので、心身ともに安らげるような状況を作ってほしいのです。そのためには、家庭には数値評価を持ち込まないことです。

要因6　体験不足

産業界は大卒者を採用するにあたってどのような人材を望んでいるのでしょうか。「非常に重視する素質、知識・能力」に関する調査（5点）⑨によると、「主体性」4.6点、「コミュニケーション能力」4.5点、「実行力」4.5点、「チームワーク・協調性」4.4点、「課題解決能力」4.3点という結果になっています。そして、今の大学生に欠けているものとして、「主体性」88%、「創造力」69%、「職業観」61%、「コミュニケーション能力」58%などを挙げています。企業が今日の激しい競争社会を生き抜くためには、国際的な動向、環境問題、消費者の安全・安心や信頼関係の構築などについて幅広い視野を持つ必要があり、アイディア、コミュニケーション能力、主体性、創造性、問題解決能力などが求められているのです。

日本には「百聞は一見に如かず」という諺があって、「人の話を百回聞くよりも、一度でも実際にそれを見た方が良い」と教えますが、中国には「聞いたことは忘れ、見たことは覚え、行ったことは理解できる」という諺があるようです。また、明の時代の儒学者・王陽明は、「知識と行為とは本来同一であり、知って行わないのは真に知っているのではなく、真の知は必ず実行を予想し、知と行とは表裏一体をなすものである」と考え、「知《ち》行合一《こうごういつ》」[10]を唱えました。つまり、実際に体験することによって理解が深まることを示唆しています。

今の子どもたちは豊かな知識はあっても、経験不足から理解できないことが数多くあり、何をどのようにしたらいいか、その使い方も方法もわからないのです。

ですから、子どもたちの興味関心を引き出しながら、本物とのふれあいの場や機会づくりを積極的に取り入れる必要があります。親御さんは勇気を持って、子どもを地域社会に出すことを考えてほしいのです。

例えば、子どもの一人旅、友だち同士の家庭でのホームステイ、団体等が行うキャンプや各種事業などへの参加。あるいは、花屋やお菓子屋さん、ペットショップなどのお店、農家など、地域において本物体験ができるような体制づくりを、真剣に考える必要があります。

これらの活動をとおして、「生きること」「生活すること」「人と協力すること」の大切さなどを学びますし、地域に知り合いが増え、地域への愛着も生まれ、安全対策にもつながっていきます。自ら考えて判断しなければならない場面に数多く出会い、他人と協力しながら問題が解決できたときの喜びは一入ですし、これらの経験が間違いなく自信につながっていくはずです。

5　心はかけても手はかけない

(1)　手をかけることだけが愛情ではない

作家下村湖人は、その著『次郎物語』[11]の中で、「人間は、全然、食物のないところでは生きることができず、全然、光のない世界ではものを見ることができないと同様、全然、愛のない世界では希望をつなぐことができないものなのである」と語っています。

「愛」とは、「その人が持っている価値を肯定することであり、相手の感情や気持ちを認めること」と言えるのではないでしょうか。もし、そうだとしたら、〝親は子ども認めてやること〟が親子関係の基本になければなりません。ただ、子どもの全てを認めてやることと、子どもの希望の全てを聞き入れてやることとは違います。それはJ・Jルソーが「子どもの希望をいつでもなんでも手に入れられるようにしてやると、間違いなく子どもは不幸になる」[12]と語っていることからも指摘できます。

〝子どもには幸せになってほしい。そのためになることだったらできるだけのことをしてやりたい〟というのは全ての親の願いですが、それが子どもの自立を阻害する行為につながったとしたら、間違った愛情と言えますし、結果的に子どもに何らかの影響を与えることになります。ここで、もう少し親の過干渉の状況を見ていきます。

最近、「オヤカク」という言葉を耳にするようになりました。これは、「親への確認」という意味で、企業側が内定を出してもわが子の就職に親が口を挟み、親の都合で内定が反古にされてしまう可能性があることから、企業が内定を出す前に、学生の親に連絡して入社の確認をしていることから生まれた言葉です。

これまで、受験・進学、就職と手取り足取りやってきたのですから、親御さんにとってみればこのような行動はあたりまえのことなのでしょうが、少々気になるデータを、新規学卒就職者の離職率[13]から見ることができます。それは、平成24年高卒者の40%、大卒者の32%が3年以内に辞めていることです。数値には若干の増減がありますが、このような状態が20年も続いています。辞める理由は「自分のやりたい仕事ではなかった」「人間関係がうまくいかない」などのようですが、もし就職が自分の意思で決めたものでなかったとすれば、その責任を彼らだけに押しつけるわけにはいきません。

社会では、考え方の違う人たちと一緒に行動しなければなりません。だからこそ、相互理解を図るために十分な話し合いが必要になってきます。しかし、積極的に自分の意見を発表したとしても採用されるとは限りませんし、上司から一方的に命令されることは日常茶飯事です。だからといって会社を辞めることにはつながらないはずです。もし決定したら、少々不満があろうとも従わざるを得ませんし、実行に向けて努力しなければなりません。これが現実なのです。

(2) 父親は、子どもと母親を切り離し、社会に目を向けさせる役割を

子どもたちの生活的な自立は、母親から離れていくことを意味します。しかし、今では、話し相手や相談相手も、お小遣いも、食事の準備から身近な世話まで全てを母親がやっているので、子どもたちは母親から離れにくくなっていますし、母親もまた子離れができていません。これまでは、父親は娘を、母親は息子を可愛がるいわゆるX字型の親子関係だと言われてきましたが、現状は、娘も息子も母親の味方ですから逆Y字型の親子関係になっているのです。父親は一人蚊帳の外に置かれた状態で、家庭における出番や役割は極端に少なくなりました。

昔から、〝親の背を見て子は育つ〟と言われているように、まさに親の言動をそのまま吸収していきます。父親と母親はその責任と役割を、子どもたちに見せる必要があります。後述しますが、子どもたちは「家族の会話が楽しくなるようにしてほしい」「自分の話をよく聞いてほしい」「自分を信じてほしい」と親に望んでいるため、親はこれに真剣に対応することが求められます。

そこで父親に期待したいのは、母親から子どもを切り離すことと、子どもの目線を社会に向けさせる役割を担うことです。それは、日常的な生活環境に変化を持たせるために子どもを外に連れ出すことであり、子どもの興味関心のあることを地域社会で実践させることです。そうすることによって、母親には自由な時間ができて息抜きにもなりますし、子どもは開放感とともに興味関心は広がり、好奇心が湧いてきます。その際、デパートやテーマパークのような人工的な場ではなく、自然や街の散策、ボランティア活動など、普段とは違った経験や体験をさせることです。これからの国際社会では、相互理解を図ることがとても重要になり、自ら積極的に発信できる人材が求められています。家庭や学校だけではどうにもできません。子どもに自信を持たせるためにも、ぜひ、実行してほしいと思います。

（3）子どものやる気を引き出すために

人は、もともと他人からの指示には抵抗を感じますし、やる気は起きにくいものです。ただ、自分の好きなことであれば元気も出ますし、やる気も起きてきます。そうなれば楽しさも生まれ、少々の苦労も乗り越える力が湧いてきます。子どもたちがどんな能力を持っているかは未知数ですし、何かをきっかけにすばらしい力を引き出せるかもしれません。親や教師は、子どもたちに「夢」を与える役割を担っていますので、それを壊さないように気をつけなければなりません。そして、人生は子どもが自分で切り開いていかなくてはならないため、子どものやる気を引き出すように心がけたいところです。

あるお寺の掲示板に〝教えることは習うこと、どちらも何度も繰り返し〟とありました。できないからとすぐに諦めないこと、無理強いをしないことに配慮しつつ、子どもの歩調に足並みをそろえ、時には振り返る余裕を持ち、結果を急がず、神経質にならず、失敗を恐れずに子どもと楽しみながら歩んでいけるように心がけてもらいたいです。

ちなみに、子どもが親をどのように見ているかを調べてみると、図2のように「優しい」「愉快・楽しい」などが上位に来ていますが、「口うるさい」「お節介」などは3・4割に達しています。ご自身が子どもからどう見られているか、振り返ってみる必要がありそうです。

図2

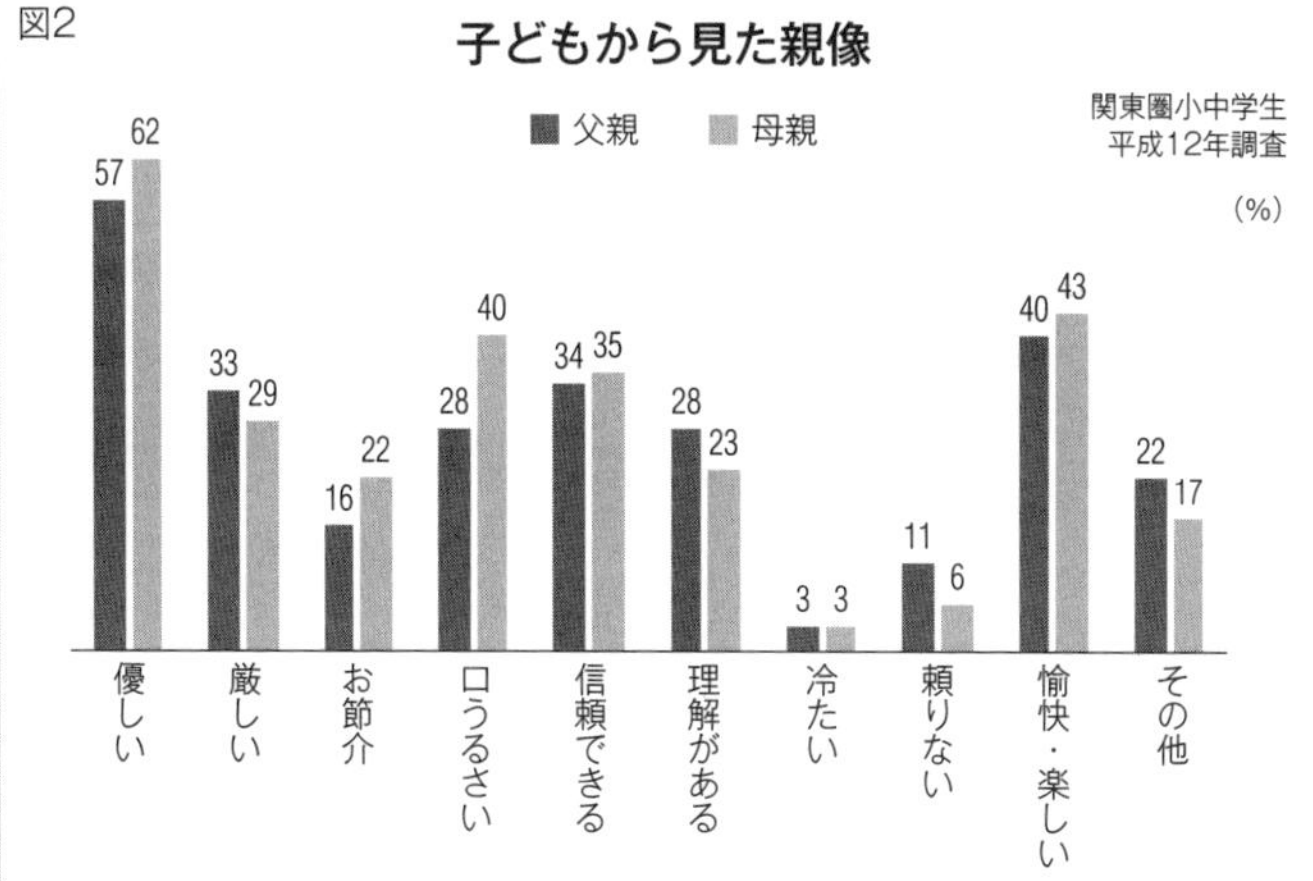
子どもから見た親像
父親
母親
関東圏小中学生
平成12年調査
(%)
57
62
33
29
16
22
28
40
34
35
28
23
3
3
11
6
40
43
22
17
優しい
厳しい
お節介
口うるさい
信頼できる
理解がある
冷たい
頼りない
愉快・楽しい
その他

2章　本物の体験が子どもたちを劇的に変える

1　家のお手伝いが自立の第一歩

合宿で驚いた子どもたちの言動

子どもたちと何回か合宿をやってきましたが、そのたびに彼らの言動に驚かされます。経験がないので当然と言えばそれまでですが、マッチが使えません。炊飯器があってもご飯が炊けません。洗濯機の使い方も知りません。雑巾も絞れないし、箒も使えません。衣服のたたみ方もわかりません。体を拭かないまま風呂から上がるため、脱衣所がビチョビチョになってもそのままです。周りに関係なく大声を出したり、廊下や食堂内を走り回ります。数え上げればきりがありませんが、身の回りのことができず、していいことと、してはいけないことの判断がつかないため、何に気をつけ、何をどうしたらいいのかがわからない状態です。注意しても、ただポカンとしているだけです。

きょうだいも少なく、切磋琢磨する機会もなく、家庭ではほとんどを親がやってくれるため、自由気ままで自分は何もしなくても事は済んでいるのでしょう。ですが、集団生活ではそうはいきません。他人との軋轢は必ず生じますし、ちょっとしたことがきっかけでしばしばケンカが起こります。仲良しの友だちとだけ付き合っていればいいわけにはいきません。他人と協調しながらいやな友だちとも良い関係を作っていくこと、自制心や相手を思いやる言動が求められるのです。自己中心的では、物事は前進しませんし、自分のことは自分でできることが最低限必要になってきます。そのためにも生活の基本を、家庭でしっかりと身につけさせる必要があります。

難しいことを乗り越えて、できなかったことができたときの喜びや感動は語り尽くせませんし、そのことが本人の自信にもつながっていくのです。

生活力の弱体化が顕著に

ここに、平成3年から16年間の、子どもたちの日常生活の状況（表1）[14]について、「全然していない」の回答だけを取り上げて、整理してみました。

平成3年と19年を比べてみると、「ナイフや包丁で果物の皮をむくことを全然していない」「食材などの買い物に行くことを全然していない」「自分の運動靴を洗うことを全然していない」「自分の下着などの洗濯や干すことを全然していない」が増えていることがわかります。

これを平成19年の調査（図3）から「全然していない」を取り上げてみると、「自分の下着などの洗濯や干すこと」「ナイフや包丁で果物の皮をむく」「自分の運動靴を洗う」「食材などの買い物」などが高いことがわか

表1

子どもたちの生活体験の変化

～「全然していない」～

(%)

	平成3年	平成7年	平成12年	平成16年	平成19年
「おはよう」などの家でのあいさつ	6	6	4	4	5
朝、自分で起きる	13	12	12	11	14
ふとんやベッドの整理・整頓	19	16	15	16	17
自分で着る服の準備	6	3	5	6	6
ナイフや包丁で果物の皮をむく	15	17	23	22	26
食事の準備や後片付け	13	11	15	9	11
食材などの買い物	14	17	29	22	23
自分の運動靴を洗う	21	19	27	24	25
自分の下着などの洗濯や干す	34	32	49	44	40
近所の人に挨拶	6	7	4	5	5

関東圏・福島県の小中学生

ります。これに「しない時が多い」を加算しても、子どもたちの生活力の弱体化は明らかです。

このような状態のため、家から離れることに不安を感じるのは当然といえるでしょう。家でさせていないからできないのです。

図4[15]は、「親は全然させていない」、「子どもは全然していない」と回答したものですが、グラフが見事に連動していることがわかります。図5は、「親はいつもさせている」、「子どもはいつもしている」と回答したものです。このなかで「おはよう」などの家でのあいさつは、親は「いつもさせている」80%、子どもは「いつもしている」

図3　子どもたちの生活体験の内容（平成19年）

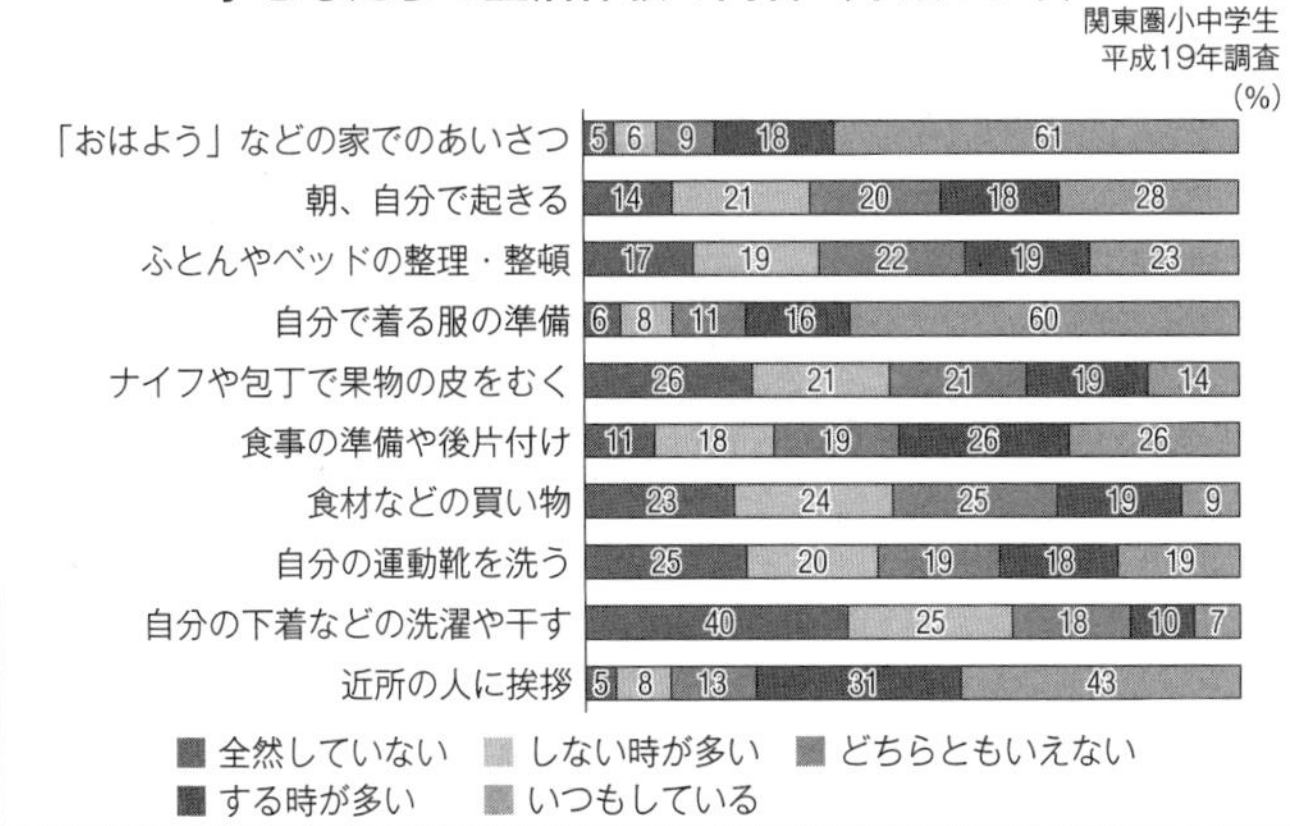
関東圏小中学生
平成19年調査
(%)
「おはよう」などの家でのあいさつ　5 6 9 18 61
朝、自分で起きる　14 21 20 18 28
ふとんやベッドの整理・整頓　17 19 22 19 23
自分で着る服の準備　6 8 11 16 60
ナイフや包丁で果物の皮をむく　26 21 21 19 14
食事の準備や後片付け　11 18 19 26 26
食材などの買い物　23 24 25 19 9
自分の運動靴を洗う　25 20 19 18 19
自分の下着などの洗濯や干す　40 25 18 10 7
近所の人に挨拶　5 8 13 31 43
全然していない
しない時が多い
どちらともいえない
する時が多い
いつもしている

図4
子どもの家の手伝いと、親の姿勢

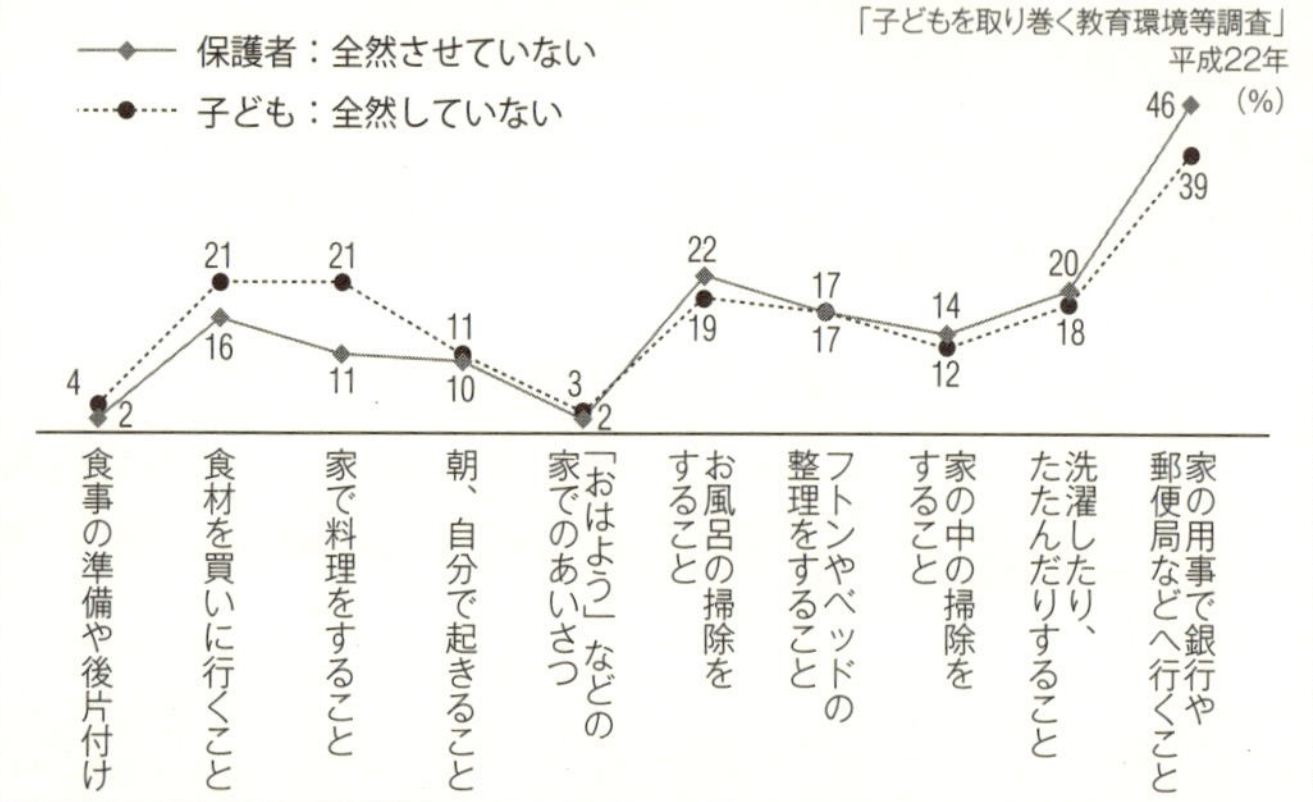
保護者：全然させていない
子ども：全然していない
「子どもを取り巻く教育環境等調査」
平成22年
(%)
4
2
21
16
21
11
11
10
3
2
22
19
17
17
14
12
20
18
46
39
食事の準備や後片付け
食材を買いに行くこと
家で料理をすること
朝、自分で起きること
「おはよう」などの家でのあいさつ
お風呂の掃除をすること
フトンやベッドの整理をすること
家の中の掃除をすること
洗濯したり、たたんだりすること
家の用事で銀行や郵便局などへ行くこと

図5
親の姿勢と、子どもたちの家の手伝い

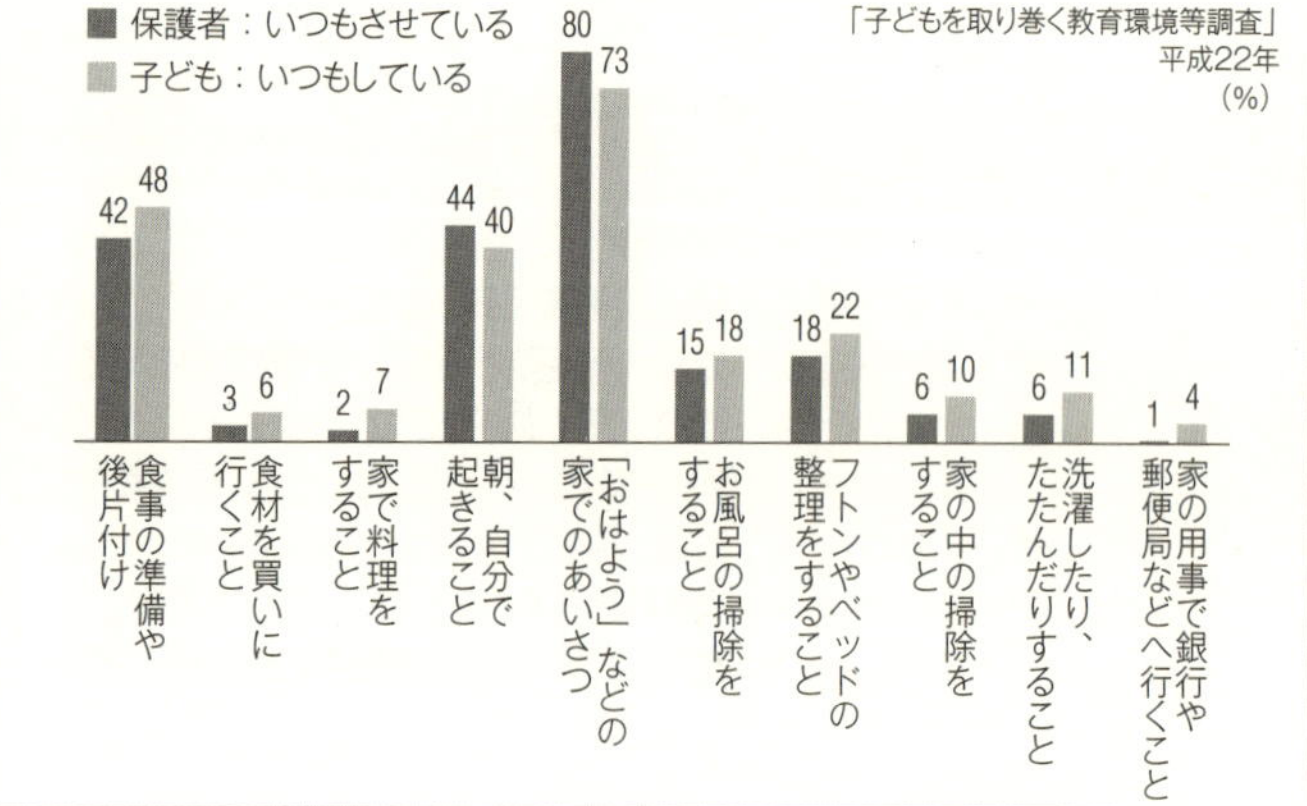
保護者：いつもさせている
子ども：いつもしている
「子どもを取り巻く教育環境等調査」
平成22年
(%)
42
48
3
6
2
7
44
40
80
73
15
18
18
22
6
10
6
11
1
4
食事の準備や後片付け
食材を買いに行くこと
家で料理をすること
朝、自分で起きること
「おはよう」などの家でのあいさつ
お風呂の掃除をすること
フトンやベッドの整理をすること
家の中の掃除をすること
洗濯したり、たたんだりすること
家の用事で銀行や郵便局などへ行くこと

73％とよくできているのですが、「食事の準備や片付け」は、親は「いつもさせている」42％に対して子どもは「いつもしている」48％。「朝、自分で起きること」は、親44％と子ども40％。「お風呂の掃除」や「フトンやベッドの整理」については2割前後、その他の項目は1割未満といった状態です。これに親の「時々させている」、子どもの「時々している」を加えても、十分な生活力とは言えません。

小学生にもなれば、「食材の買い物」「フトンやベッドの整理整頓」「家の掃除」「洗濯」などは生きるための基本ですから、自分一人でできなければなりません。一番困るのは本人ですし、トイレ問題とともに、これらの能力が備わっていないことが実は子どもの外出を拒む要因になっているのです。

2　野菜づくりでモノの大切さに気づく

子どもたちを変えた野菜づくり

以前、宿舎の裏にあった広い荒れ地を耕して、近所の子どもたちと野菜づくりを計画しました。集まったのは5歳から11歳まで10名ほどでしたが、クワやスコップを使っての草刈りと土おこしから始めました。汗びっしょり、手にはまめを作りながら数日かけて何とか畑の形になりましたが、誰一人、文句を言う子はいませんでした。

農家の協力を得ながら、ナス、トマト、キュウリ、大根、キヌサヤ、レタス、さつま芋、スイカ、カボチャなど、根菜、葉物、つる性など違う野菜を作ることにしました。種まき、苗の植え付け、支柱づくり、肥料や水やり、草抜き、わき芽取り、虫取りなどの作業が続き、ワイワイ、ガヤガヤと毎日が大変でした。

翌早朝、玄関ドアをたたく音に目を覚まされました。「おじちゃん、昨日植えたお芋もうできた？」と、入れ替わり立ち替わり子どもたちがやってくるのです。植えたばかりのサツマイモの苗を一本抜いて「まだできていないね。まだまだ時間がかかるよ」と納得してもらったはずでしたが、これが数日間も続きました。

「わあー、キュウリの花は黄色なんだ。花が先についてるよ！」「ナスやジャガイモにも花が咲くんだ！」「キヌサヤはピンク色だね」などのように、女の子は花に興味を持ったようでした。男の子たちは、イボのようなトゲに触って、「おじちゃん。キュウリにはトゲがあるね！」と。それを聞いた小さな女の子は「ナスにもトゲがあるよ」と、ナスのへたのザラザラ感を表現していました。「買ってくるキュウリは真っ直ぐなのに、どうしてこのキュウリは曲がっているの？」「トマトはくさい臭いがするね」などの発言が飛び出しました。さつま芋を掘りあげるたびに歓声があがります。五感を相当刺激されたようで、発熱する子が出るのではないかと心配したほどでした。虫を観察する子、虫を見て「気持ち悪い！」と逃げ出す子、虫籠に入れて家に持ち帰る子もいました。

うまく育ってね！

やることなすこと全てが新鮮だったようです。

ある女の子のお母さんは、「パパの料理は私が作るのと言って、サツマイモのヒゲ根を取ることとさえさせてくれませんでした」と語っていました。その日の夕食は、パパの大好きな天ぷらになったそうですが、帰ってきたパパへの説明は淀みなく続き、この時以来親子の会話は増え、人が変わったように家のお手伝いをするようになったとのことです。

転勤で野菜づくりは中途で終わることになりましたが、別れ際にほとんどのお母さんから、「子どもの野菜嫌いや食わず嫌いがなくなった」と聞かされ、予期していなかったことですが、野菜づくりが子どもたちに大きな変化をもたらしたことを知りました。〝モノ作りや物を育てることの大切さ、自分で作ったものは捨てられない〟ことを、子どもたちから教わったのです。

食で生きた教育を

野菜づくりとそれらの収穫経験についての調査⑭をみると、「トマト」「さつま芋」「イチゴ」「じゃがいも」「ナス」「キュウリ」などは、「実際にできているのを見たことがある」が9割を超えています。しかし、これらを「収穫したことがある」は、「キャベツ」「レタス」「タマネギ」などは、2割にも満たなかったのです。

これを「市区部」と「郡部」で比較してみても、郡部における収穫経験率が若干高くはなりますが、目立つほどの地域差は見られませんでした。

ここで、世界の食料自給率（2011年）⑯を見てみましょう。それによると、カナダ258%、オーストラリア205%、フランス129%、アメリカ127%に対して、日本はわずか39%なのです。そのうえ、日本国内の年間食品廃棄量は、食料消費全体の22%（約1，800万トン）となっており、このうち、売れ残りや期限切れの食品、食べ残しなどの「食品ロス」は500万トン～800万トンとされています。これは日本のコメの年間収穫量（平成24年約850万トン）に匹敵し、世界中で飢餓に

田植えって！大変だ

苦しむ人々の世界の食料援助量（平成23年で年間約390万トン）を大きく上回っているのです。これを日本人一人当たりに換算すると〝おにぎり約1～2個分〟が、毎日捨てられている計算になるといいます。

ユネスコが発表した2012年のデータによれば、飢えや貧困によって一年間に約900万人が死亡し、そのうち5歳未満の子どもが660万人に達しているとのことです。私たちは、多くの人たちの犠牲の上に生きているという現実から目を背けるわけにはいきません。「もったいない」が世界共通語になって来ている今、私たち日本人が少しでも食品ロスを減らし、大切な食べ物を無駄なく消費するように心がけなければなりません。

子どもたちには、プランターや鉢による野菜作りをすすめてきました。それは、物づくりの難しさや楽しさ、本物の味を知ることにもつながり、家族の会話も弾むことになると考えたからです。また子どもには、ぜひ食材を買いに行かせるべきです。今は食材の多くが世界から輸入され、産地、国名などが価格と一緒に表示されていますし、日々の価格の変動に気づくはずです。〝食材〟は、社会の縮図であり、お店はまさに生きた教育の場なのです。

さらに、買ってきた食材を使って、親子が一緒に食事を作って食べることになれば、食事の味は一層美味しくなりますし、家庭は明るく人間関係も良くなることは間違いありません。

3　自然体験活動のすすめ

(1)　もっと自然に近づこう

なぜ自然が学びの場に必要か

学校では、〝子どもたちが自ら課題を見つけ、自ら学び、自ら考え、自分から主体的に判断し、よりよく問題を解決する資質や能力を育成すること〟を目的として、自然体験活動（自然教室）や社会体験活動、物づくりや生産活動などの体験学習活動が取り入れられるようになりました。特に自然教室は、家庭や学校の狭い空間や限られた人間関係から離れて、大自然とのふれ合いや寝食を伴った集団宿泊生活を通して自然を理解したり、友だちゃ先生との人間的な関係を深めたり、約束を守りお互いが助け合っていくことの大切さなどを学ぶことを目指しています。このような自然教室などに利用されている少年自然の家は、大自然の中で子どもたちを思い切って遊ばせようと考えられた教育施設です。

地球上に人類が誕生しておよそ２００万年が経つと言われていますが、大昔、人々は水や食べ物を求めて、木の実をはじめ、海や川に生息する魚貝類、地上の小動物を得るなどして生活していたことでしょう。それらが手に入らなくなると、次の場所へ移動していったものと想像できます。

しかしながら、長い間の経験から、先人たちは安全でかつ効率のよい生活の仕方を編み出しました。それは、お互いが協力して安全性を確保することであり、獲物を獲ることであり、生活に必要な道具を発明し荒地を耕し自分たちの手で食糧を得ることでした。時には天災に脅かされ、ある時は野獣と戦い、幾度となく失敗を繰り返しながら人類は進歩し、生きるための知恵を確実に次の世代に伝えてきました。このように自然を敬い、共生しながら様々な苦境を乗り越えつつ、人間は、喜びや悲しみ、自然の美しさや厳しさを肌で感じながら、五感を通して自然を知り、そのことによって生きることができたのです。だからこそ、自然とふれあった時、人の心は感動し、喜びに通じるのです。

自然と離れつつある私たち

今、私たちは生活の便利さを優先するあまり、道をアスファルトで覆い、住宅や仕事場の多くをコンクリートで固めてしまいました。その結果として、自然を失い、自然から離れ、土の温もりを直接感じることもできなければ、都市部では生活の周辺から小鳥のさえずりさえも耳にすることが少なくなってしまいました。長い間お世話になり、つきあって来た自然との関係を、今、私たちは自らの手で遮断しようとしています。

コンニャクが海で採れると信じている子どもたち、「うどんの花はどんな花ですか」と尋ねる若者たちの話を聞くにつけ、何とも言えない寂しさを感じます。

今、私たちは自然から遠ざかるのではなく、自然に近づく努力をしなければなりません。特に子どもたちを自然の中に連れ出すことが大切です。

かつて木漏れ日の林を歩いていたとき、流れる霧をみて「あっ、空気が動いている！」と表現した子がいました。日の出を見せると、黙っていても歓声が沸き起こります。清々しく、安らかな気持ちにもなります。自然から勇気をもらって前向きな気持ちも生まれてきます。

街中ではあり得ないことですが、山では「こんにちは！」「ぬかるみがあるので、気をつけて！」と、すれ違う人たちから自然と声がかかります。感動とともに人の優しさに救われます。森林浴にもなり、お弁当を持って自然の中を歩くことは本当にいいリフレッシュになります。

(2) 自然体験の実態

自然体験活動の状況について取り上げてみます。

表2の「一回も経験がない」を見てみると、平成3年と19年を比べて数値が減ったものの（自然とのふれ合いが増えてきたもの）は、「高い山に歩いて登ったことが一回もない」（64％から38％）と、「一年ぐらいの間に一泊以上の旅行をしたことが一回もない」（45％から15％）「親戚や友だちの家に一人で泊まったこと」（36％から32％）の三項目だけでした。

一方、数値が増えてきたもの（自然とのふれ合い経験が減ったもの）は、「木の実や野草などを採って食べたこと」「わき水を飲んだこと」「海や川などで魚つりをしたこと」などです。驚いたことに「日の出や日の入りを一回も見たことがない」が、平成16年には51％と、過半数に達しています。起床時間や就寝時間を気にしない今の生活では、仕方のないことかもしれません。朝起きたときにはすでに太陽は昇っているでしょうし、学校や塾が終わって帰宅の途につく頃には、すでに日は沈んでいます。都会の生活では、高層ビルのわずかな隙間から臨める日の出や日の入りですから、感動の気持ちも湧いてはこない

表2

自然体験の動向

～「1回も経験がない」～

（%）

	平成3年	平成7年	平成12年	平成16年	平成19年
高い山に歩いて登ったこと	64	68	49	46	38
一年ぐらいの間に一泊以上の旅行をしたこと	45	44	29	32	15
木の実や野草などをとって食べたこと	42	49	54	57	60
日の出や日の入りを見たこと	41	43	46	51	44
親戚や友だちの家などに一人で泊まったこと	36	40	40	42	32
海や川などで魚つりをしたこと	35	36	45	47	45
わき水を飲んだこと	35	43	54	53	58
自分の身長よりも高い木に登ったこと	23	28	40	42	30
海や川で泳いだこと	21	17	32	28	21
チョウやトンボをつかまえたこと	10	15	25	23	21

＊関東圏と福島県内の小中学生

でしょう。

国立天文台の調査⑰によれば、小学生の4割が「太陽は地球の周りを回っている」と思い、3割が太陽の沈む方角が正確に答えられなかったといいます。

(3) 自然体験活動への不安や心配ごと

ここでは、自然体験がどれだけの効果があるかを見てみましょう。

先ず、自然教育活動実施前の子どもたちの「不安や心配ごと」(表3)を調べてみると、「ケガや病気をしないか心配」「体力が続くか心配」「先生に迷惑をかけないか心配」「友だちとうまくやっていけるか心配」「嫌いなものが食べられるか心配」などが1・2割あります。

これらの不安や心配事が自然教室の終了後、どの程度解消されているのでしょうか。続けて見ていくと、「一人で身の回りのことができるようになった」「ケガや病気をしないか

楽しいな

心配がなくなった」「体力が続くか心配がなくなった」「友だちとうまくやっていけるか心配がなくなった」「家を離れて一人で寝ることができるようになった」などと答え、事前の不安や心配事の多くが解消されてきていることがわかります。案ずるより産むが易しですが、その一方で、不安を残したままの子どもたちがいることも、忘れてはなりません。

(4) 自然体験活動後の子どもたちの変化

さらに、自然体験活動後、子どもたち自身がどのように変化した(「とても・かなりそうなった」)と思っているかを、図6から見ていきます。その結果、「友だちと仲良くで

表3
自然教育活動に参加前の心配ごととその解消度

(%)

	行く前の不安(あると回答)	ほとんどなくなった
体力が続くか心配	15	45
嫌いなものが食べられるか心配	12	34
ケガや病気をしないか心配	20	51
友だちとうまくやっていけるか心配	14	40
迷子にならないか心配	12	38
一人で身の回りのことができるか心配	10	56
家を離れて一人で寝ることができるか心配	2	40
友だちと一緒に風呂に入れるか心配	8	38
ホームシックにならないか心配	2	39
先生に迷惑をかけないか心配	15	36

＊関東圏と福島県内の小中学生（平成12年・13年調査）

きるようになった」「家を離れて一人で泊まれるようになった」「あいさつができるようになった」「簡単な料理なら一人で作れるようになった」などが高くなっています。その他の内容からも、成果が多方面にわたっていることがわかります。

このように自然体験活動には、①非日常的な生活を通して新しい発見があり、感性を刺激されること②集団宿泊生活が人間性の回復につながり、協調性や創造性が生まれること③不便な生活から、今日の豊かさなどについて考える機会になること④自分で考え、自分で判断しなければならないこと、などを通して自立心や判断力が育まれていくのです。

図6

自然体験後の子どもたちの変化

～とても・かなりそうなった～

関東圏小中学生
平成13年調査
(%)

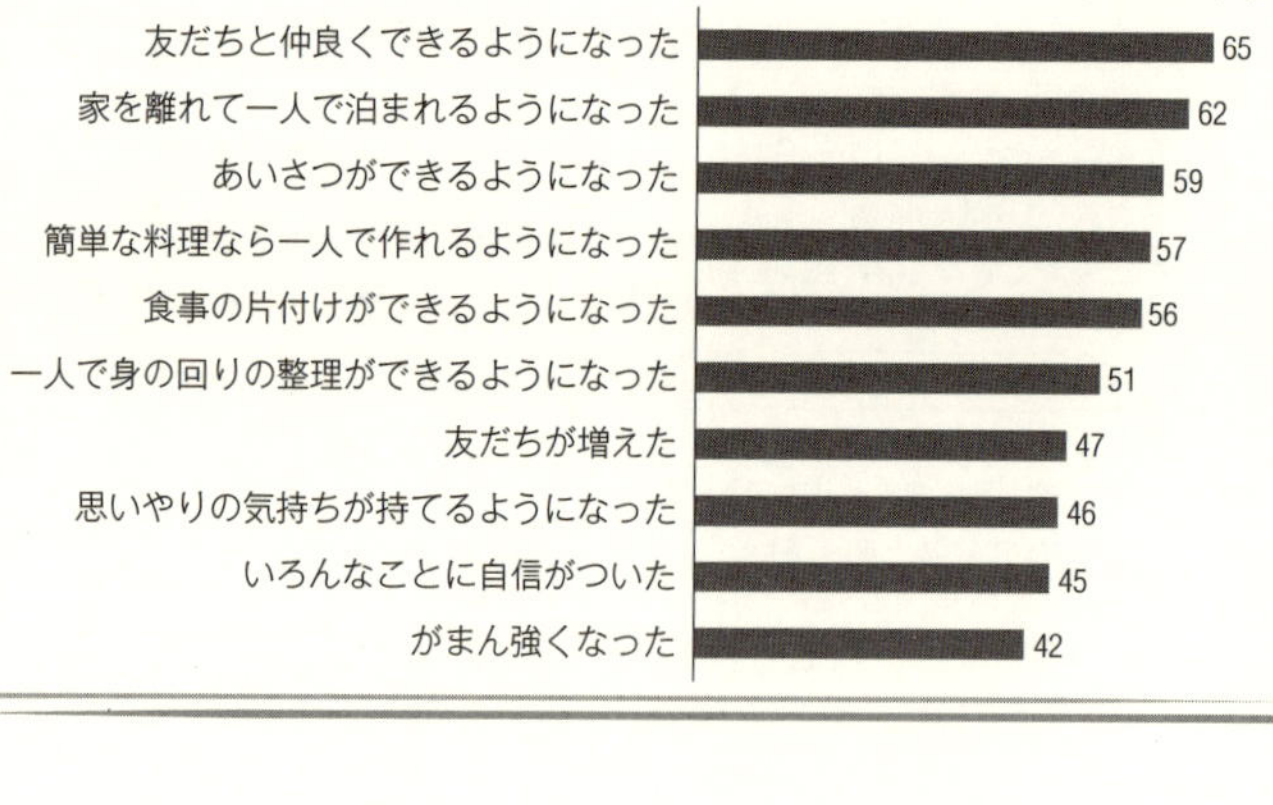
友だちと仲良くできるようになった
65
家を離れて一人で泊まれるようになった
62
あいさつができるようになった
59
簡単な料理なら一人で作れるようになった
57
食事の片付けができるようになった
56
一人で身の回りの整理ができるようになった
51
友だちが増えた
47
思いやりの気持ちが持てるようになった
46
いろんなことに自信がついた
45
がまん強くなった
42

〝自然体験活動が総合的な教育〟と言われるゆえんです。

自然教室では〝自然の中での活動〟を優先的に考えがちですが、このように集団宿泊生活に大きな意味のあることを考慮する必要があります。そして活動を通した喜びや経験が自信につながりますので、安全には十分に配慮しつつ、子どもたちの感性を引き出せるような活動を期待したいところです。

(5) 自然体験活動を嫌う子どもたち

続けて、自然に対する興味・関心がどのように変化したかを見ていくと⑭、「自然教室にまた参加したい」が過半数になりますが、「参加したくない」が2割弱、「どちらともいえない」が3割近くいることがわかります。

参加したくない理由は、「活動がきついから」「さびしがり屋だから」「自然が怖いから」「友だち関係がうまくできないから」「みんなとお風呂に入るのが嫌だから」など、さまざまな理由を挙げています。

また、「トイレが心配だから」「自分のことが自分でできないから」「家を離れることが不安だから」なども若干いますが、これらは本人にとってはとても切実な問題です。もし、これらの問題が解決されないままの状態が続くことになると、その後の家庭や学校生活に支障を来すことにもなりかねませんし、自信の喪失につながる心配が十分に考えられます。自然嫌いの子を増やさないためにも、自然教室には慎重な配慮が望まれます。

4 危険から身を守るために

外出時の注意を子どもたちに伝える

最近、子どもたちが被害に遭う事件が多発しているため、子どもの外出に躊躇する親が出てきました。しかし、〝危険だから外出しない〟〝させない〟というわけにはいかないため、〝危険なことに遭遇するかもしれない〟という前提で、外出しなければなりません。

そこで、動物の巣立ちのように、危険から身を守る術を子どもたちに教えなければなりません。

〝知らない人からもらったものは、口にしない〟〝危険と思われる場所には近づかない〟〝暗いところは避け、一人で行動しない〟などを徹底する必要があります。なぜなら、四六時中、親や大人が子どもに付き添うわけにはいきませんので、万が一の時には、子どもが自分一人で判断しなければならないからです。

山登りやハイキングなどでは、他人を頼りにしないで自分の責任で行動すること、自分の足で無事に戻ってくること、一人での行動は避けること、が大原則です。体調を整えることはもちろんですが、〝道に迷ったとき〟〝天候が急変したとき〟〝ケガをしたとき〟などを前提にした準備が必要になってきます。当然、天気予報のチェック、地図、衣服（着替え）、雨具、靴、食料品、水、懐中電灯、ケガ用の薬などは必携です。もし、道に迷ったと思ったら、動き回ることによる体力の消耗を避けることと、少しでも早く発見してもらうため、その場所を動かないことがとても大切なことです。

日常生活においてもしかりです。「何もそこまで求めなくてもいいではないか」と言う人がいるかもしれませんが、あの阪神・淡路大震災や東日本大震災を思いだしてください。瞬時にして電気、ガス、水道などは全く使えなくなり、橋も道路も破壊され交通機関は完全に麻痺してしまいました。東日本大震災の時、10時間もかけてわが家に歩いて帰った人もいたようですが、何事もなかったから良かったものの、あの大混雑の中を無防備に歩くことはとても危険です。橋が落ちているかもしれませんし、点灯していた道路の灯りがいつ消えるかわかりません。漏れ出したガスに引火して、火災が発生するかもしれません。1982年2月のホテルニュージャパンの火災事故（死者33名）や、2003年2月、韓国地下鉄の火災事故（死者197名）などのような自分では防ぎきれない事故や事件に遭遇することも、無きにしも非ずです。

子どもに限ってみれば、飛び出しによる車との接触事故、登下校中の自動車の飛び込みによる事故、少女誘拐事件、他人からもらった飴玉による意識不明事件など後を絶ちません。今や子ども略取誘拐事件は年間100件を超え、そのうちの何件かは悲惨な結果となっています。コミュニティーの崩壊によって人間関係が希薄化し、人々の目が行き届かなくなったことが原因の一つに挙げられていますが、このような事故や事件を完全になくすことは不可能ですので、その対策は各自がとらなければなりません。

学校や家庭では、「もし知らない人に声をかけられたら、すぐに逃げなさい」と教えているため、訪問先が見つからず困っているとき、近くを歩いている子どもに尋ねようとすると、とっさに逃げられてしまいます。地域コミュニティーの大切さを説きながら、その一方では人を信じさせないような教育をしている矛盾を、感じざるを得ません。

非常時に具体的にどうするか

最近、子どもに防犯ブザーやGPS付きの携帯電話を持たせる親が増えていますが、これで安心しないことです。なぜなら、防犯ブザーや携帯電話は、電池切れでいざというときに使えない可能性がありますし、高価なこともあって、子どもたちの多くはランドセルや鞄の中に入れているからです。これではすぐには取り出せませんし、「大声を上げて逃げなさい」と教わっても、恐ろしさのあまり声は出ないでしょう。特に携帯電話は、一対一の関係でしか使えないため、相手に緊急事態を知らせたとしてもすぐに駆けつけることはできません。そこで、ホイッスルを持たせそれを吹きながら逃げることを教えたらどうでしょう。これなら安いし電池交換も必要なく、簡単に周りの人に緊急事態を知らせることができます。

私は外出する際、ホイッスル、マグランプ、ラジオ、スマートフォン、頭が入る大きさのビニール袋を持ち歩くようにしています。ビニール袋は、一酸化炭素中毒と煙から目を守るために使うためです。もし火事に遭遇したらすぐにこの袋に空気を入れ、頭から被ります。これで約3分間は大丈夫ですので、結構遠くまで逃げられます。ただ、ビニールは火に弱いため絶対に火に近づかないことですし、色つきの袋では何の役にも立ちませんのでその点は要注意です。

また、歩きやすく滑りにくい靴を履くことも心がけています。エレベータを使わないで、運動を兼ねて建物の階段を上り下りするためと、非常時の逃げ道を事前に把握しておきたいからです。

数年前、地震で東京都内のエレベータに6時間閉じ込められたという事故がありましたが、もしエレベータが途中で止まったら、内部に設置されている非常ボタンを押すこと、壁をたたいて外に知らせること、携帯電話で家族に連絡することなどを、子どもが実践できなければなりません。もし火事になったら、初期消火と消防署への連絡が最優先ですが、被害が拡大しないように隣近所へ知らせることも忘れてはなりません。普段から消化器のある場所を確認しておくこと、防災訓練などに参加してそれが使えるようにしておくことが大切です。もし、人に襲われそうになったら、まずは逃げること、周りの人に知らせて助けを求めることです。

いつこのような事態に遭遇するかわかりません。もし夜間であったら危険度はさらに増してきますので、親子で暗い夜道を歩いたり、デパートの階段を上り下りしながら、〝もし今、ここで火事が起きたら〟〝もしここで誰かに襲われたら〟〝もし灯が消えて真っ暗になったら〟などを想定して、何をどのようにしたらよいか、子どもと一緒に考えてほしいのです。

もう一つは、人助けができる人になってほしいことです。ケガ人や病人が出た場合は、すぐに救急車を呼ぶこと、周りの人に知らせて協力を仰ぐことが必要です。心臓が停止していれば、すぐに心臓マッサージなどの応急処置が求められます。

ある小学校でのことですが、運動の練習中に倒れて小学6年生の女の子が亡くなるという事故がありました。学校には心臓救命装置（ＡＥＤ）が設置されていたのですが、それが使われることはありませんでした。その後、「学校での心臓突然死ゼロをめざして」

という運動が起こり、子どもも含めて学校全体でＡＥＤの使い方を学ぶようになってきました。軽くて持ち運びは簡単ですし、スイッチを入れて音声に従って操作をするだけですので、子どもでも十分に使えこなせます。最近は、学校、体育館、公民館などの公共施設、デパートやスーパーなどにも置かれるようになったので、ぜひその使い方をマスターしましょう。自分が関わったことで人の命が救われたなら、なんとすばらしいことでしょう。普段から〝危険と安全〟に対する意識が持てるように心がけたいものです。

3章　「家庭が楽しい」は子どもたちの心のバロメーター

1　家庭生活と子どもたち

(1) 家庭には「安らぎの場所」という意味がある

誰にとっても家庭や家族が大事なことは言うまでもありません。しかし、子どもたちと話をしていて、「家庭が面白くない」「家庭がつまらない」「家に帰りたくない」という言葉をときどき耳にすることがあります。「なぜ、そう思うの？」と聞き返すと、親は「とにかく口うるさい」「話を聞いてくれない」「自分を信用してくれない」などと語ります。

大人でも「早く仕事を終えて家に帰りたい」「家でくつろぎたい」と思うものですが、

家庭が楽しくなかったらこういう気持ちにはならないでしょう。

広辞苑には、①「家庭」とは、家族が生活するところ②「家族」とは、血族によって結ばれ、生活を共にする人々の仲間で婚姻に基づいて成立する社会構成の一単位③「生活」とは、生存して活動すること④「活動」とは、〃はたらき動き、いきいきと活動すること〃、とあります。

つまり、家とは「血族によって結ばれた人々が生存して、はたらき、動き、いきいきと行動する場所」ということになります。また、英語の「HOME」には〃安息の場所〃という意味もあることから、「家庭とは、家族の信頼関係のもとに、語り、笑い、ともに楽しめ安心して生活ができ、いきいきと活動のできるところ」となります。特に子どもたちにとっては、「楽しい家庭」がとても重要なキーワードと言えます。

この章では、家庭の状況や親子関係について、その実態を、調査結果を基に見ていきましょう。

(2) 〝楽しい家庭〟になっているか

平成22年の調査によれば、子どもたちは「家庭がとても・まあ楽しい」が82%(小学生90%、中学生69%)ですが、「家庭があまり・全然楽しくない」が8%(小学生4%、中学生15%)と、「家庭が楽しくない」が1割近くいることがわかりました。

そこで、子どもたちは親にどのようなことを求めているのか、「家庭が楽しい理由」(図7)[15]を見てみましょう。高い順に挙げてみると、「家族の会話が楽しい」小学生68%、中学生66%、「親が自分の話を聞いてくれる」小学生54%、中学生50%、「自分を信じてくれている」小学生42%、中学生34%と続

図7

家庭が楽しい理由

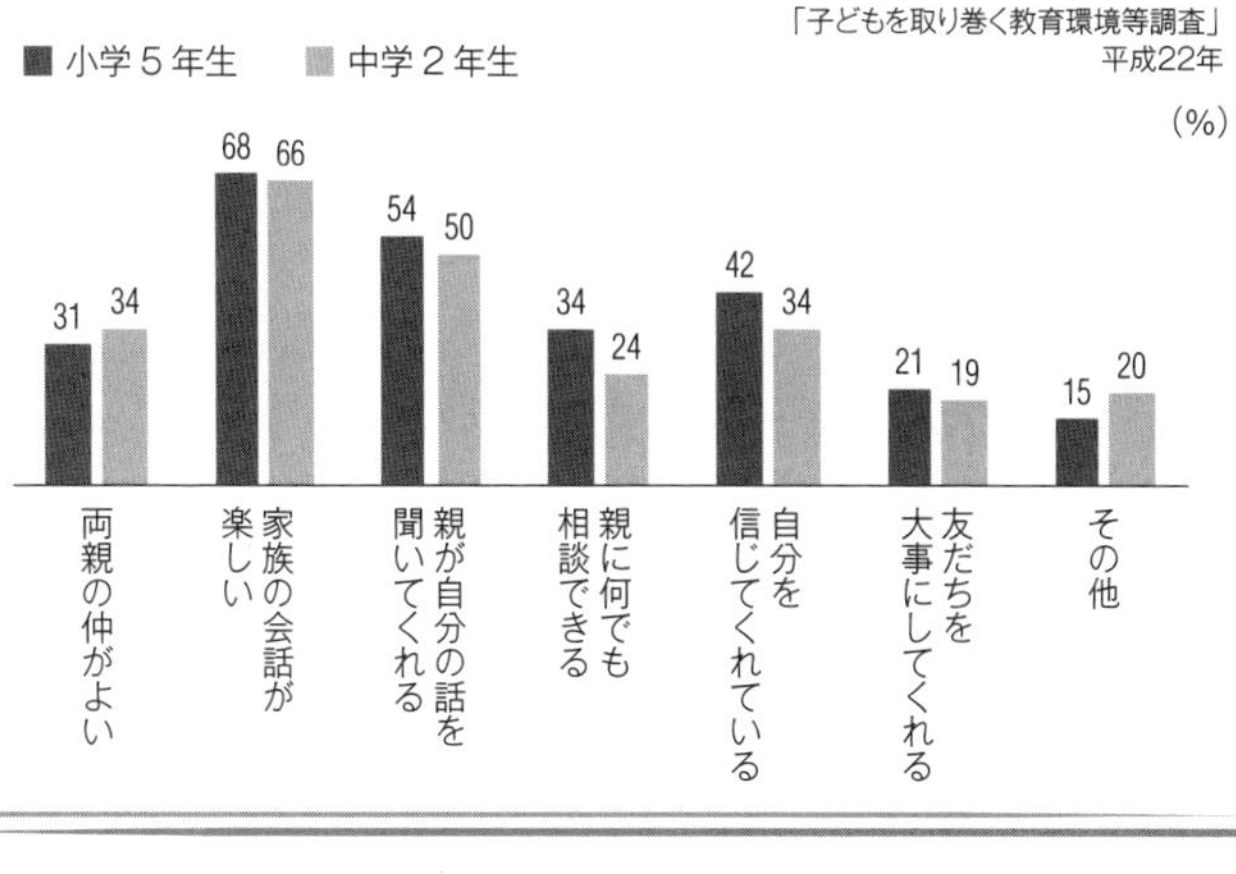
「子どもを取り巻く教育環境等調査」
平成22年
小学5年生
中学2年生
(%)
31
34
68
66
54
50
34
24
42
34
21
19
15
20
両親の仲がよい
家族の会話が楽しい
親が自分の話を聞いてくれる
親に何でも相談できる
自分を信じてくれている
友だちを大事にしてくれる
その他

きます。

「家庭が楽しくない」と答える子どもたちは、家族の会話がなく、親から認められたりほめられたりすることが少なく、居づらい場所になっているのではないかと思われます。

人から認められると誰でも嬉しくなりますし気持ちも安らぎ、積極性も生まれてきます。明るく楽しい家庭こそが、子どもたちの活力の源と言えます。

(3) 親子の信頼関係

子どもたちが、「家族の会話が楽しくなるようにしてほしい」「もっと自分を信頼してほしい」と望む根底には、「親子の信頼関

図8 **子どもは親をどのくらい信頼しているか**

「子どもを取り巻く教育環境等調査」平成22年

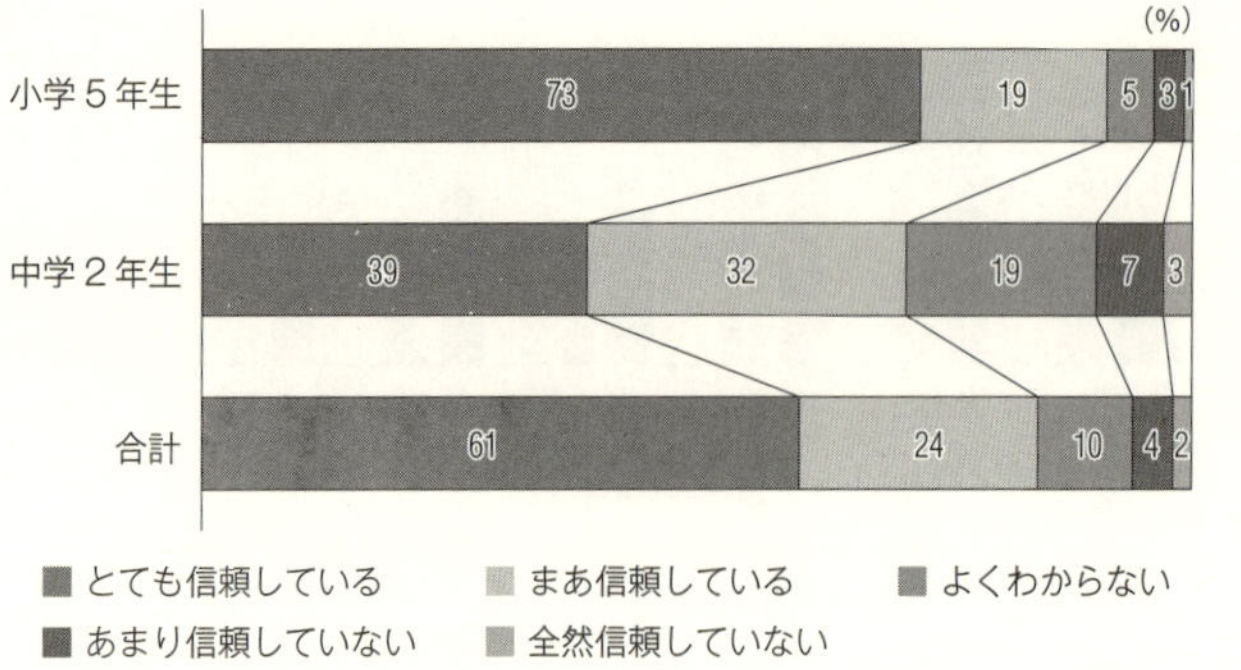
(%)
小学５年生
73
19
5
3
1
中学２年生
39
32
19
7
3
合計
61
24
10
4
2
とても信頼している
まあ信頼している
よくわからない
あまり信頼していない
全然信頼していない

係」が基本になることは間違いありません。では、子どもは親をどれぐらい信頼しているか、図8から見ていきましょう。

親を「とても信頼している」61%、「まあ信頼している」24%と、8割以上は肯定的に答えます。しかし小中学生に若干差が見られますが、「親を信頼していない」が6%（小学生4%、中学生10%）います。中学生に高いのは、思春期と重なっていることの影響かと思われます。

では、親は子どもからどの程度信頼されているると思っているのでしょうか（図9）。子どもから「全然信頼されていないと思う」は0%、「とても信頼されていると思う」は

図9　**親は子どもからどれくらい信頼されていると思っているか**

「子どもを取り巻く教育環境等調査」平成22年

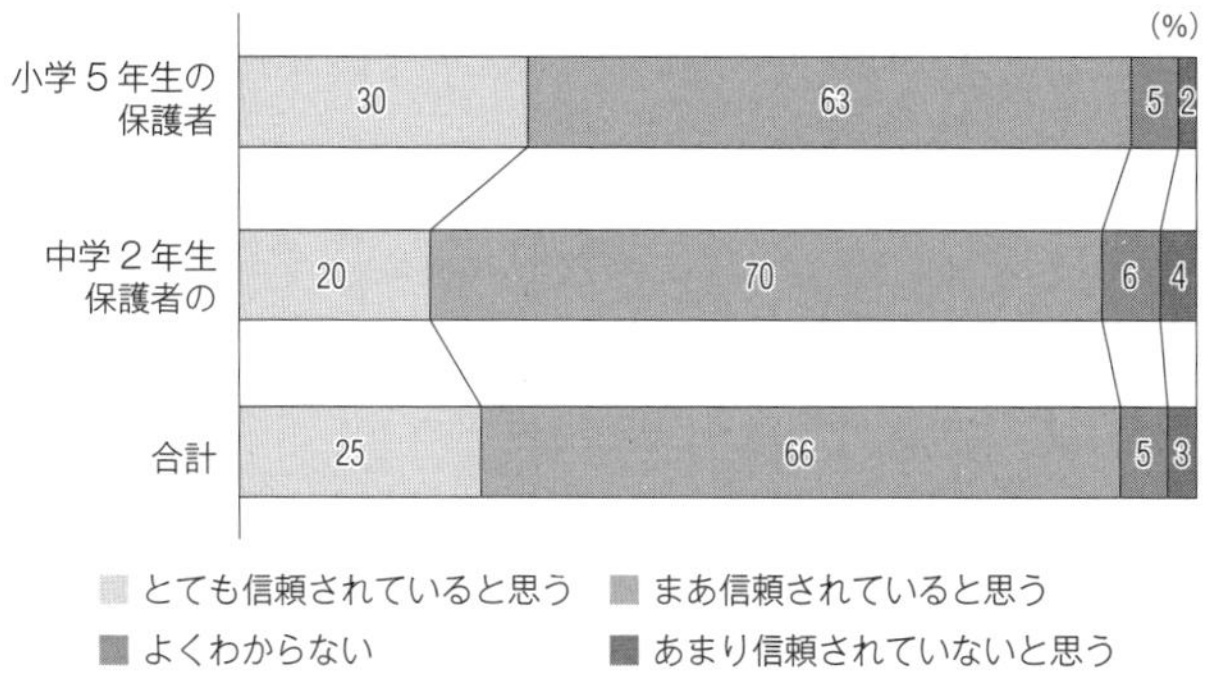
(%)
小学５年生の保護者
中学２年生保護者の
合計
30
63
5
2
20
70
6
4
25
66
5
3
とても信頼されていると思う
まあ信頼されていると思う
よくわからない
あまり信頼されていないと思う

25％と、控えめな親の姿がうかがえますが、子どもが「親をとても信頼している」の61％に比べて低くなっています。

実は、「家庭がとても楽しい」と答える子どもは、「親をとても信頼している」84％、「全然信頼していない」0％なのですが、「家庭が全然楽しくない」と答える子は、「親をとても信頼している」はわずか3％、「全然信頼していない」は実に46％に達しています。これに「まあ信頼している」を加えると、前者の子どもの96％が「親を信頼している」のに対して、後者は「親を信頼している」は、わずか16％にしかなりません。

(4) 将来、親のようになりたいか

続けて「将来、親のようになりたいか」と質問してみると、男子は「将来、父親のようにとても・少しなりたい」43％、「あまり・全然なりたくない」28％。女子は「将来、母親のようになりたい」56％、「母親のようになりたくない」20％でした。

そこで、親子の信頼関係との関連性（図10）を調べてみたところ、「親をとても信頼している」と答える子どもは「将来、親のようになりたい」78％、「なりたくない」10％です

が、「親を全然信頼していない」と答える子どもの実に77％が「将来、親のようになりたくない」と答えます。

2 家庭が楽しいと学校も楽しくなる

（1）家庭の楽しさと学校生活

子どもたちにとっては、家庭と同じく学校もとても重要な存在です。果たして家庭生活と学校生活とには因果関係があるのでしょうか。

「家庭が楽しいか」と「学校は楽しいか」

図10 **親に対する信頼度 × 将来、親のようになりたいか**

「子どもの日常行動等調査」平成19年

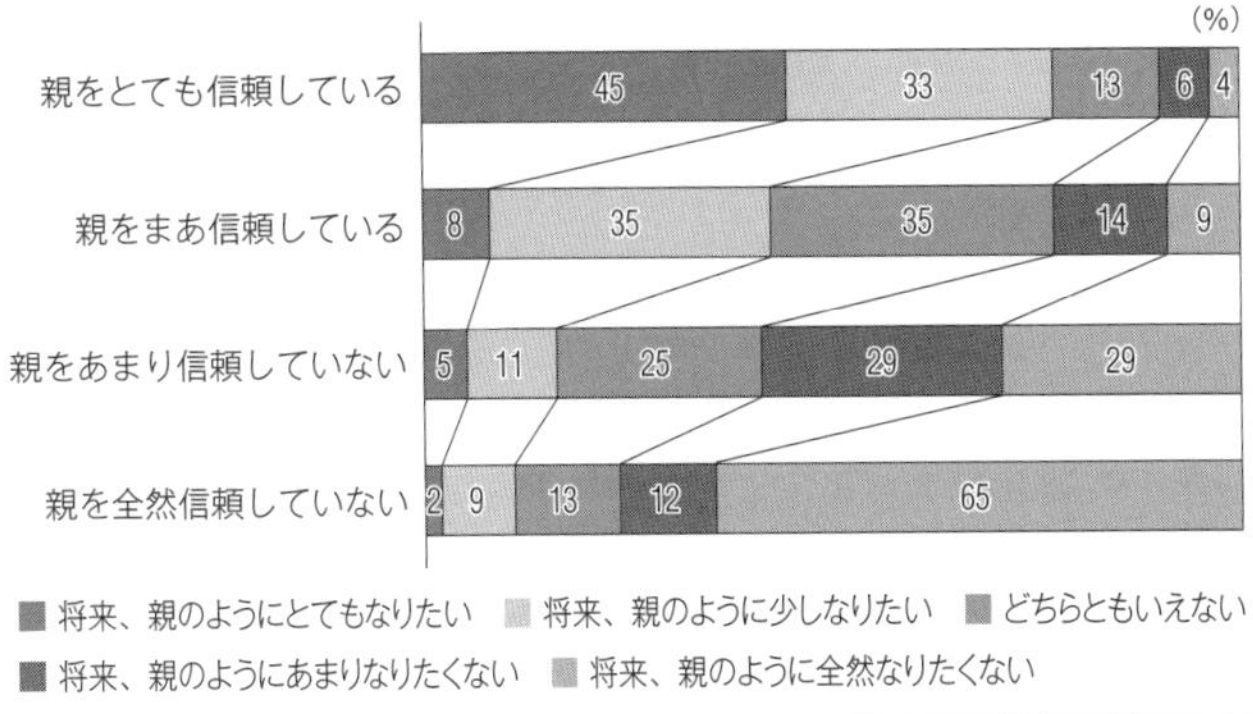
(%)
親をとても信頼している
45
33
13
6
4
親をまあ信頼している
8
35
35
14
9
親をあまり信頼していない
5
11
25
29
29
親を全然信頼していない
2
9
13
12
65
将来、親のようにとてもなりたい
将来、親のように少しなりたい
どちらともいえない
将来、親のようにあまりなりたくない
将来、親のように全然なりたくない

とをクロス集計（図11）してみると、「家庭はとても楽しい」と答える子どもは「学校は楽しい」88％、「学校が楽しくない」6％となりますが、「家庭は全然楽しくない」と答える子どもは、「学校が楽しい」40％、「学校は楽しくない」48％のようになります。家庭の楽しさが学校生活に大きく影響していることがわかります。

そして「学校が楽しい理由」を挙げてもらったところ、「仲良しの友だちがたくさんいるから」89％、「クラス会や児童会などいろんな活動ができるから」27％、「調べたり実際にやったりする授業が多いから」25％のようになり、「友だち関係」が圧倒的に高い

図11　**家庭は楽しいか × 学校は楽しいか**

「子どもを取り巻く教育環境等調査」平成22年

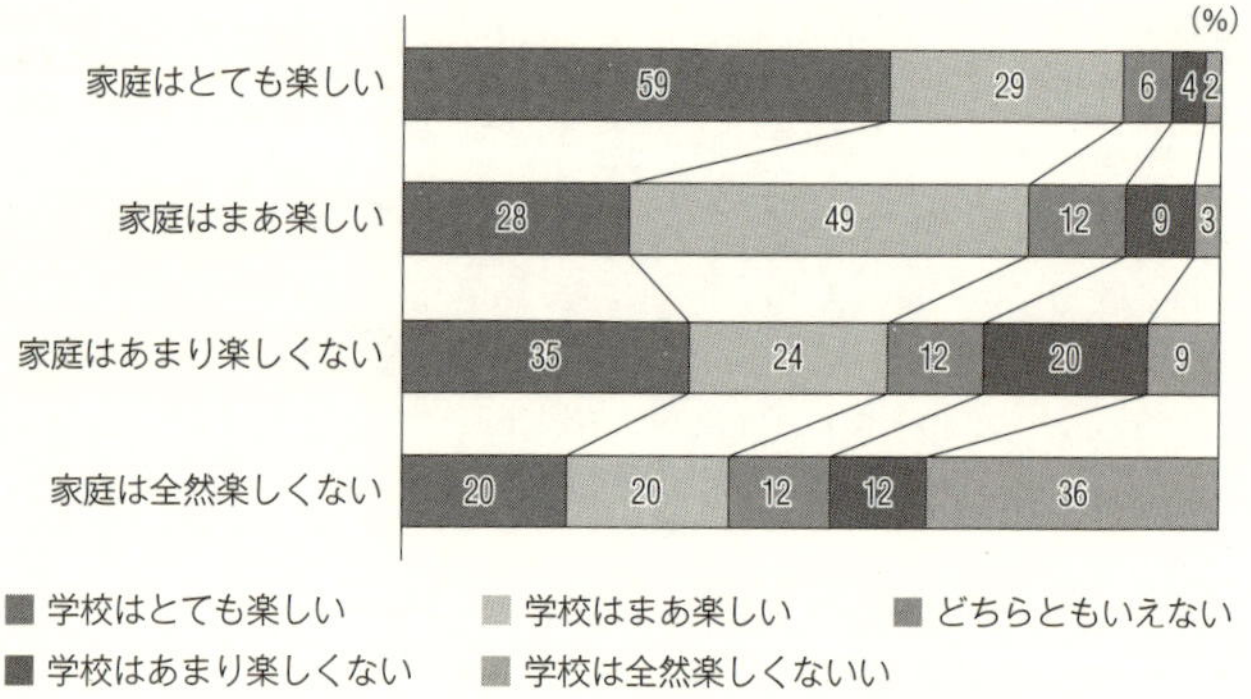
(%)
家庭はとても楽しい
59
29
6
4
2
家庭はまあ楽しい
28
49
12
9
3
家庭はあまり楽しくない
35
24
12
20
9
家庭は全然楽しくない
20
20
12
12
36
学校はとても楽しい
学校はまあ楽しい
どちらともいえない
学校はあまり楽しくない
学校は全然楽しくないい

ことがわかります。

ただ、「学校が楽しくない」理由としては、「勉強のこと」が4割を超え、「先生とのこと」や「友だちのこと」が2割近くいることもわかってきました。

(2) ケンカとその後の友だち関係

人との付き合いは、とかく複雑でやっかいなもので、自分の思い通りにならないことから言い争いやケンカになることはしばしばです。それは大人も同じですが、ここでは、子どもたちのケンカの状況と、その後の関わり方を通して彼らの人間関係を探ってみることにします。

まず、「ケンカをしたことがあるか」と聞いてみると、全体の53％が「ケンカの経験がある」と答え、思った以上にケンカをしていることがわかります。そこで、「家庭の楽しさ」と「ケンカの有無」との関係を調べてみると、「家庭がとても楽しい」と答える子どもたちは、「ケンカをしたことがある」54％、「家庭が全然楽しくない」で「ケンカをしたことがある」は56％と、両者にはそれほどの差は見られませんでした。

しかし、「ケンカ後の友だちとの関わり方」（図12）では、家庭の楽しさとの面白い関係が表れてきました。それは、「自分から仲直りするようにした」は、「家庭はとても楽しい」42％、「家庭は全然楽しくない」23％。以下同様に「自分が悪いと思いすぐに謝った」18％と10％、「相手が悪いので仲直りするまで待った」8％と11％、「今でも口をきかないようにしている」4％と13％のような結果になったのです。

つまり、「家庭がとても楽しい」と答える子どもたちは、友だち関係を修復していこうとする姿勢が見られますが、「家庭が全然楽しくない」と答える子どもたちは、自己反省

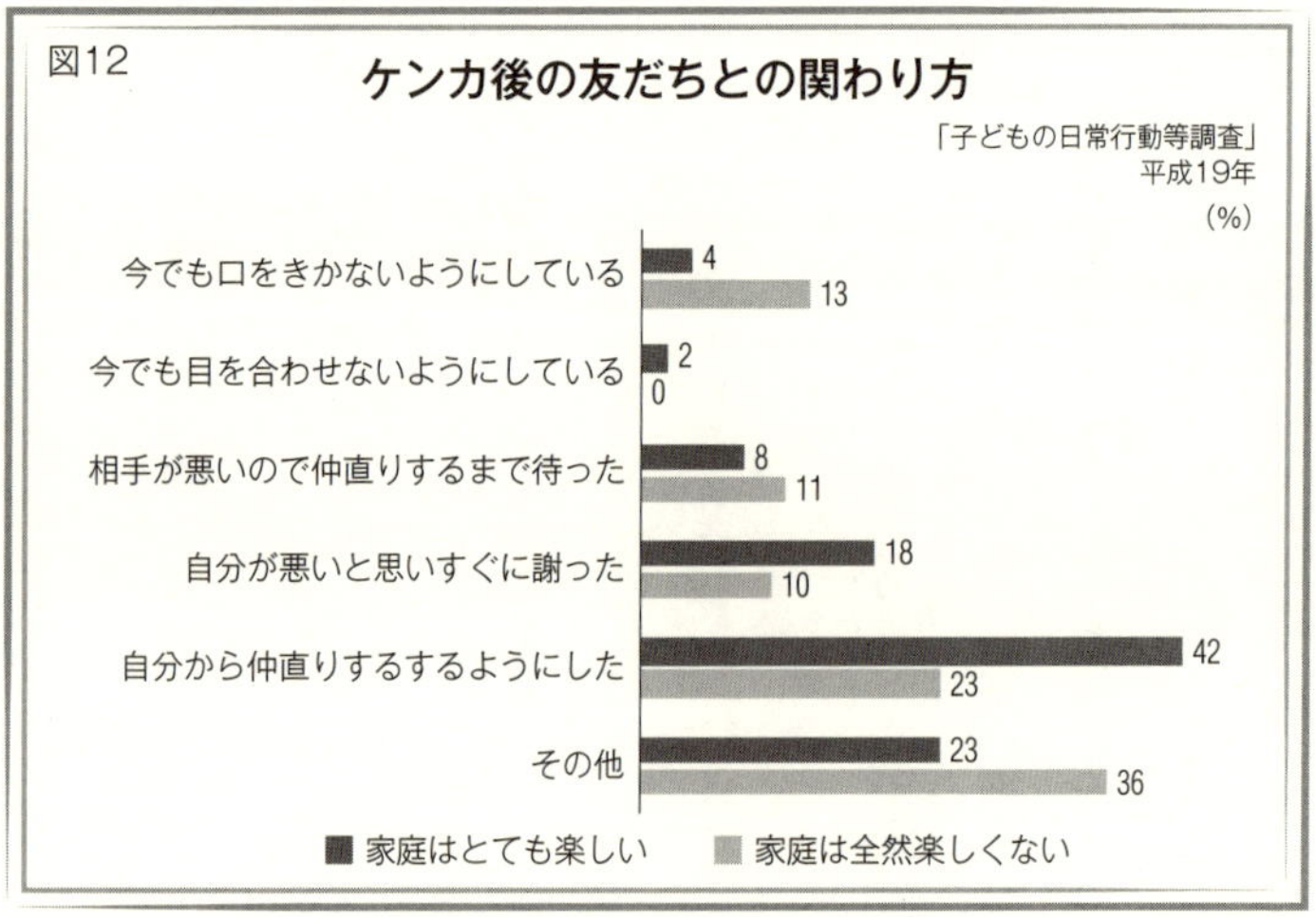
「子どもの日常行動等調査」
平成19年
（%）
今でも口をきかないようにしている
4
13
今でも目を合わせないようにしている
2
0
相手が悪いので仲直りするまで待った
8
11
自分が悪いと思いすぐに謝った
18
10
自分から仲直りするするようにした
42
23
その他
23
36
家庭はとても楽しい
家庭は全然楽しくない
図12　ケンカ後の友だちとの関わり方

よりも相手を悪者にする傾向が強くみられ、良い関係づくりに消極的であることがわかってきました。

(3) 家庭の楽しさと先生との信頼関係

では、子どもたちと先生との信頼関係はどうでしょう。

まず、「先生を信頼しているか」との質問では、「先生を信頼している」が、小学生77%、中学生46%。「先生を信頼していない」は、小学生10%、中学生33%のようになり、先生に対する信頼度は中学生よりも小学生が高いことがわかります。

ここでも「先生に対する信頼度」と「家庭が楽しいか」との関連性(図13)を見てみましょう。その結果、「家庭がとても楽しい」と答える子どもは「先生を信頼している」78%、「先生を信頼していない」10%。「家庭が全然楽しくない」では、「先生を信頼している」20%、「先生を信頼していない」68%のように、真逆の結果となりました。

さらには、「親をとても信頼している」と答える子どもの8割が「先生を信頼している」と答えますし、「親を全然信頼していない」と答える子どもは、「先生を信頼している」が2割、「先生を信頼していない」が実に6割を超えます。学校の先生との信頼関係にも、親子の信頼関係が影響しているのです。

3 家庭が楽しくなる努力を

この章では、家庭の状況、子どもの友だち関係、学校生活や先生との関係などについて見てきましたが、そのどれをとってみても〝家庭〟がいかに重要な場であり、対人関係の基本になっているかがわかります。

子どもたちのほとんどが、「親は口うるさい」「相談にも乗ってくれない」と訴えます

図13 家庭が楽しいか × 先生に対する信頼度

「子どもを取り巻く教育環境等調査」平成22年

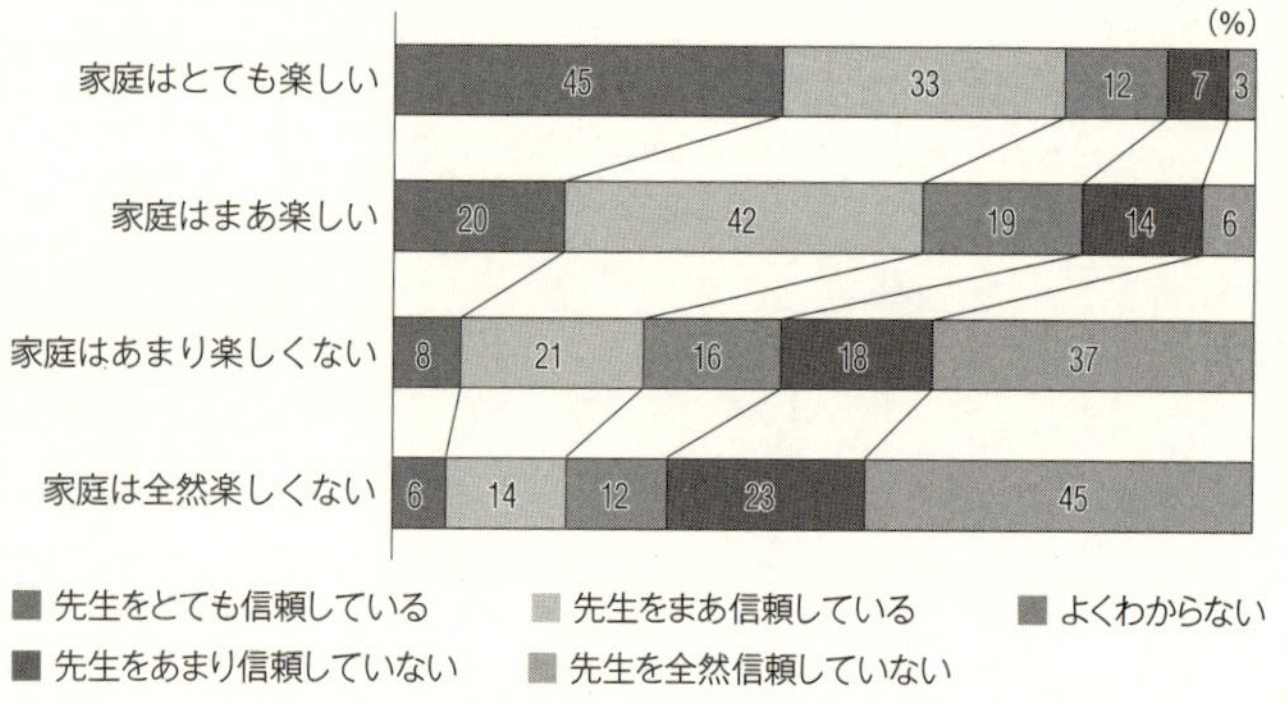
(%)
家庭はとても楽しい
45
33
12
7
3
家庭はまあ楽しい
20
42
19
14
6
家庭はあまり楽しくない
8
21
16
18
37
家庭は全然楽しくない
6
14
12
23
45
先生をとても信頼している
先生をまあ信頼している
よくわからない
先生をあまり信頼していない
先生を全然信頼していない

が、彼らの気持ちがわかるような気がします。

誰かに叱られたり、ケンカや言い争ったりした後は、間違いなく気持ちは沈み、何かにつけて物事がうまくいかない経験は、多くの人が持っているはずです。特に子どもたちは、人から注意されたり叱られたりすることはあっても、ほめられることはほとんどなさそうです。人から認められたり、ほめられたりすると嬉しくなりますし、そうなると気持ちに積極性が生まれ、明るさも出てきます。子どもたちは、「家族の会話が楽しい」「親が話をよく聞いてくれる」「自分を信じてくれる」などを望んでいるわけですから、親はこれに応えるように努力しなければなりません。それは、子どもにおもねることではありません。結果を急がないで、子どもの話をじっくり聞き、親子が一緒になって語り合うことから始まります。そうなれば、家庭の雰囲気は間違いなく変わりますし、親子関係は良くなっていきます。

楽しい家庭にするためには、子どもを一人の人間として扱うことを基本として、子どもを信じ、子どもと正面から向き合い、彼らの声にしっかりと耳を傾け、まずは子どもが話しやすい雰囲気をつくることです。親子の信頼関係が失われると家庭からは笑い声もなくなり、子どもの居場所すら奪ってしまいます。

学校もまた子どもたちにとってはとても重要なところです。特に友だち関係が大きな重きを占めていることから、もし友だち関係がうまくいかなくなったとしたら、学校はとても苦しくて辛い場所になる可能性を含んでいることになります。良い友だち関係づくりと、子どもたちには〝わかる授業〟になるような配慮が、学校には求められます。これが学校運営の基本でなければなりません。

ただ、良い友だち関係を続けていくためには、それなりの努力とケンカ後の関係修復には冷静さや心の安定感などが必要になってきます。それができるかどうかは、家庭内の人間関係が影響しているのです。

4章　学校にしつけを押しつけない
—歪む学校と家庭の関係—

1　学校にしつけを押しつける保護者

このように、家庭と学校の関係が子どもたちに大きく影響することがわかってきました。それだけに、両者の緊密な連携が重要なのです。そこには、親と先生との良い人間関係が基本になければなりませんが、夫婦共稼ぎの家庭が増えてきたこと、通勤型の先生が多くなったことなどから、両者とも地域社会とは疎遠になっていますし、家庭や学校との関係も事務的にならざるを得ない状態に置かれています。

先生たちの「とにかく忙しい。何とかしてほしい」という声が、最近増えたように思います。責任感の強い先生たちですから、子どものことなら何とか解決しなければと一生懸命ですし、親からも多くを期待されています。しかし、本来は家庭の役割であるはずのしつけや、不条理と思われるような無理・難題が、学校に持ち込まれている事実があります。ここに、そのいくつかを紹介してみましょう。

■消しゴムの忘れ物で自然の家に電話

子どもたちに人気のある野外活動の一つに、キャンプファイヤーがあります。真っ暗な山中で立ち上がる火に驚き、感動し、仲間の心を一つにする不思議な力を持っています。感激のあまり涙を流す子もたくさん出てきます。

ある小学校が、少年自然の家で自然教室（5年生）を行った時のことです。夜8時ごろ女の子の母親から電話がかかってきました。「○○小学校に行っている娘の母親です。△△と言いますが、緊急の用ができたので担任の◇◇先生を呼んでください」と。電話を受けた施設の職員が、「その学校はここから遠く離れたところでキャンプファイヤーをしています。片道5分はかかりますのでその活動が終わる頃にもう一度電話をしてください。お母さんから電話があったことは、先生に伝えておきます」と電話を切ろうとしたのですが、「ダメです。とにかく緊急の用ですので、急いで連絡してください。このまま待っていますから」と、電話を切らせてもらえなかったのです。

　職員は、懐中電灯を片手にキャンプ場に向かい、息も荒く先生を伴って戻ってきました。ところが、電話で話をしている先生の様子が次第におかしくなっていくのです。その話の内容は「娘が出かけたあと、部屋の掃除をしていたら、普段使っている消しゴムが落ちていました。ということは、娘は消しゴムがないと言うことになります。それではかわいそうです。そこで、娘と机を並べている、▽▽君に消しゴムを貸してもらえるように、先生から頼んでください」ということだったのです。

いつまでも忘れないように

■子どものちょっとしたケガが、近所づきあいの断絶に

ある小学校での出来事です。女の子数人が教室でふざけあっていたところ、そのうちの

一人が別の女の子の体を軽く突いてしまいました。その弾みでバランスを崩した女の子は、机の角に頭をぶつけてしまったのです。担任の先生は保健室で手当をした後に彼女を帰宅させ、すぐに母親に電話を入れたのです。今日の出来事の様子と帰宅させた理由を知らせるためだったのですが、頭を打ったと聞いた母親は万が一のことがあっては大変と、娘が帰宅するやいなや抱えるようにして病院に駆け込みました。

医者からは「子どものことですからこの程度のことはよくありますよ。何も心配はいりません」との診断だったそうですが、その後が大変なことになってしまいました。「子どもがケガをしないように、しっかりと指導しなさい」とのクレームが学校にあり、「今日、あなたの娘が私の娘を突き飛ばして頭にケガをさせたのよ。謝りに来ないのはどういうことですか」と、ものすごい剣幕で相手側の家に乗り込んでいったというのです。

この両家は普段から家族同士のつきあいをしていたそうですが、その後は断絶状態になったといいます。最近、子どものケンカに親が出てくることが増えているようですが、そのことによって問題がこじれてしまうことが多くみられます。この事例で得をした人は誰もいません。後味の悪さだけが残ってしまいました。

■携帯電話の使いすぎに対する指導を校長に頼む

友人の中学校長から聞いた話です。ある日、「相談したい重要な話があるので会ってほしい」と、女子生徒の親から電話があったそうです。しばらくすると、両親がそろって訪ねて来られたので、相当深刻な問題かと思ったそうですが、その話の内容というのはこうでした。「娘が言うには、友だちのほとんどが携帯電話を持っており、持っていない自分は友だちとの共通の話題がないし、仲間に入れてもらえない。ぜひ、携帯電話を買ってほしいとせがまれました。仕方なく買ってやったのはいいのですが、毎月の電話料が1万円を超えて驚いています。そこで、校長先生から携帯電話を使いすぎないように娘に指導してほしい」、だったのです。

校長先生が、娘さんに「携帯電話使いすぎないようにしなさい。お父さんお母さんが相談にみえたよ」と注意したとしたら子どもはどう思うでしょう。「どうして校長先生に告げ口をしたの。直接私に言ってくれればいいのに！」と反論するに違いありませんし、その後の親子関係はギクシャクし、信頼関係がとても難しくなってくることでしょう。

最近、責任を棚上げにして他人に転嫁する自己中心的な大人が増えてきているようですが、まずは、自身が行った行為に対しては自らが責任をとらないと、子どもへの説得力が弱まってきます。

2　親・保護者の悩み、教師の悩み

(1)　親・保護者の悩み

ますます難しくなる子育て

今日ほど子育てや子どもの教育が難しくなった時代は、これまでにはなかったのではないでしょうか。例えば、児童虐待相談件数（図14）[18]が、平成2年1，101件から平成26年88，931件へと激増しています。

図14

児童虐待相談対応件数

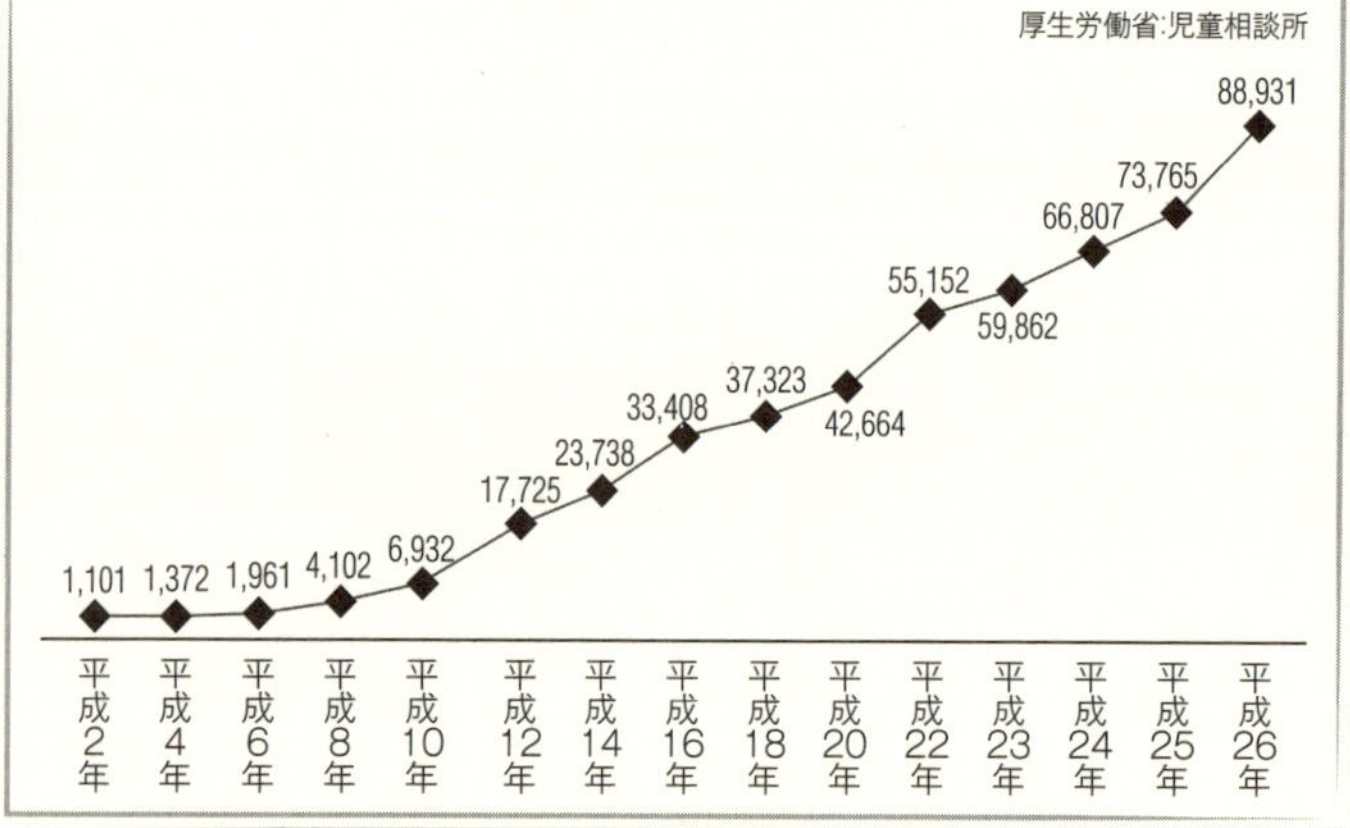

児童虐待の加害者（平成24年）は、実父38％、実母21％。死亡に至る件数は、実父14％、実母74％となっており、育児ストレス、孤独感、子育てに対する重圧などから、特に母親の悩みが深刻であることがわかります。

では、小中学生の親は、子育てや子どもの教育にどのような不安や悩みを持っているのでしょうか。見ていきましょう。

勉強と進学が親子とも一番の悩み

平成22年の調査（図15）[15]では、小中学生保護者の15％が「悩みがない」と答えることから、8割程度が何らかの悩みを持っていることがわかります。悩みや不安の内容（図

図15　子育てや教育に関する悩みや不安の有無

「子どもを取り巻く教育環境等調査」
平成22年調査

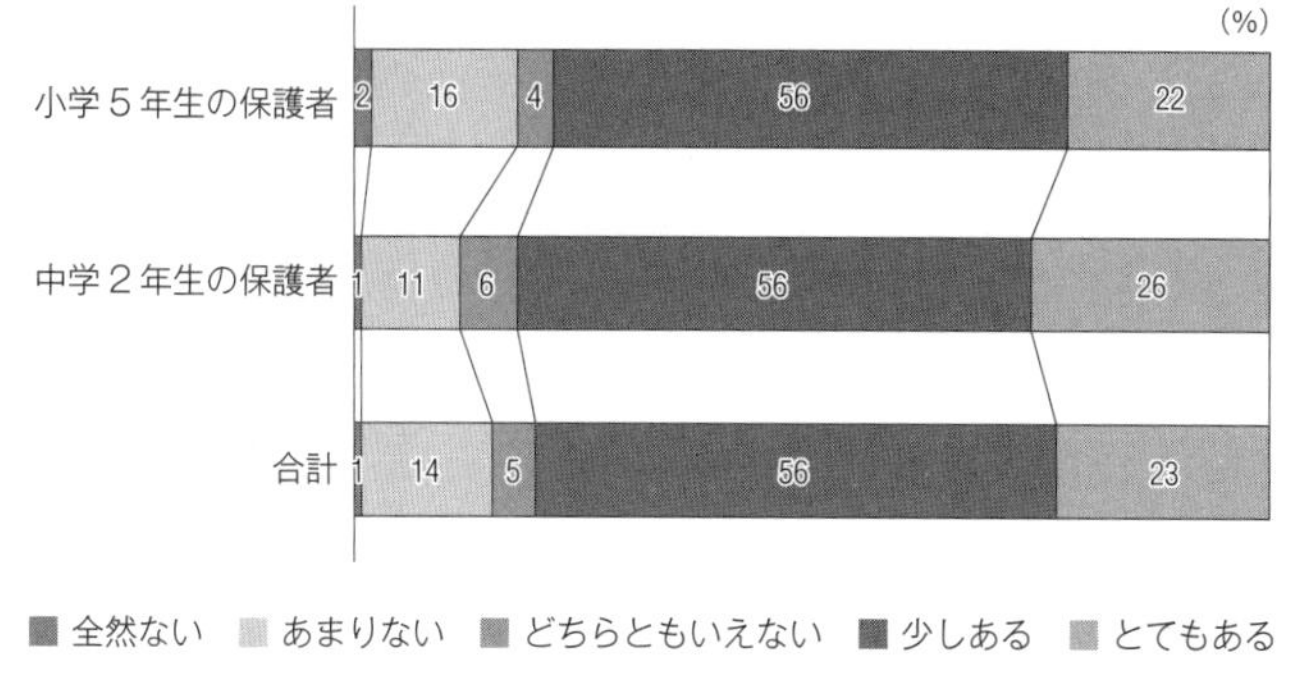
(%)
小学５年生の保護者
2
16
4
56
22
中学２年生の保護者
1
11
6
56
26
合計
1
14
5
56
23
全然ない
あまりない
どちらともいえない
少しある
とてもある

16）で、中学生の保護者に多いのが、「子どもの勉強・進学」ですが、これに「子どもの友だち関係」「子どもの性格・態度」「子どものほめ方・しかり方」などが続きます。

これらの悩みの相談相手（図17）は、「配偶者に相談」71％、「友人に相談」55％、「自分の親や親族に相談」40％、「自分で解決」38％などですが、学年別にはそれほどの違いは見られませんでした。相談によって心配事や悩みが解決されればいいのですが、心配なのは「相談相手がいない」保護者が2・3％いることです。

このように、保護者の子どもに対する悩みが「勉強や進学」「友だち関係」「性格」などが上位にありますが、実はこれらの悩みが子どものそれと見事に一致します。

このため、学校面談での教師との話題が成績や生活態度などが主となるのはやむを得ませんが、先生から「お宅のお子さんは、最近成績が下がってきていますね。しっかりと勉強するように！」と言われようものなら、子どもには口移しのようにそのまま伝えられ、先生からも同じような注意をされ続ければ、「成績・勉強」が子どもの頭から消えることはなさそうです。

このことは、保護者と教師の「少しでも有名校に進学させたい」という願いだけが、両

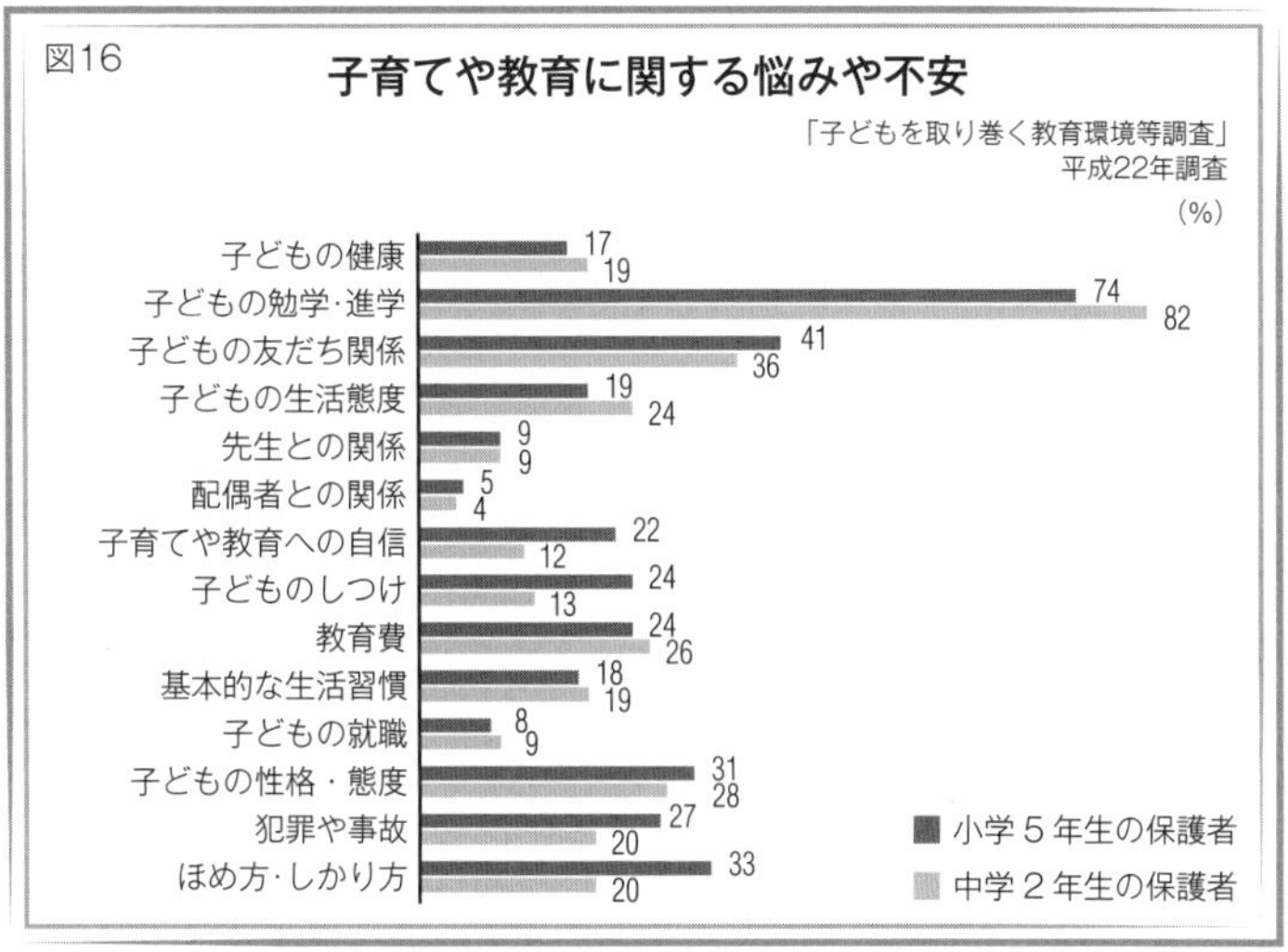
「子どもを取り巻く教育環境等調査」
平成22年調査
（%）
子どもの健康 17 19
子どもの勉学･進学 74 82
子どもの友だち関係 41 36
子どもの生活態度 19 24
先生との関係 9 9
配偶者との関係 5 4
子育てや教育への自信 22 12
子どものしつけ 24 13
教育費 24 26
基本的な生活習慣 18 19
子どもの就職 8 9
子どもの性格・態度 31 28
犯罪や事故 27 20
ほめ方･しかり方 33 20
小学５年生の保護者
中学２年生の保護者
図16　子育てや教育に関する悩みや不安

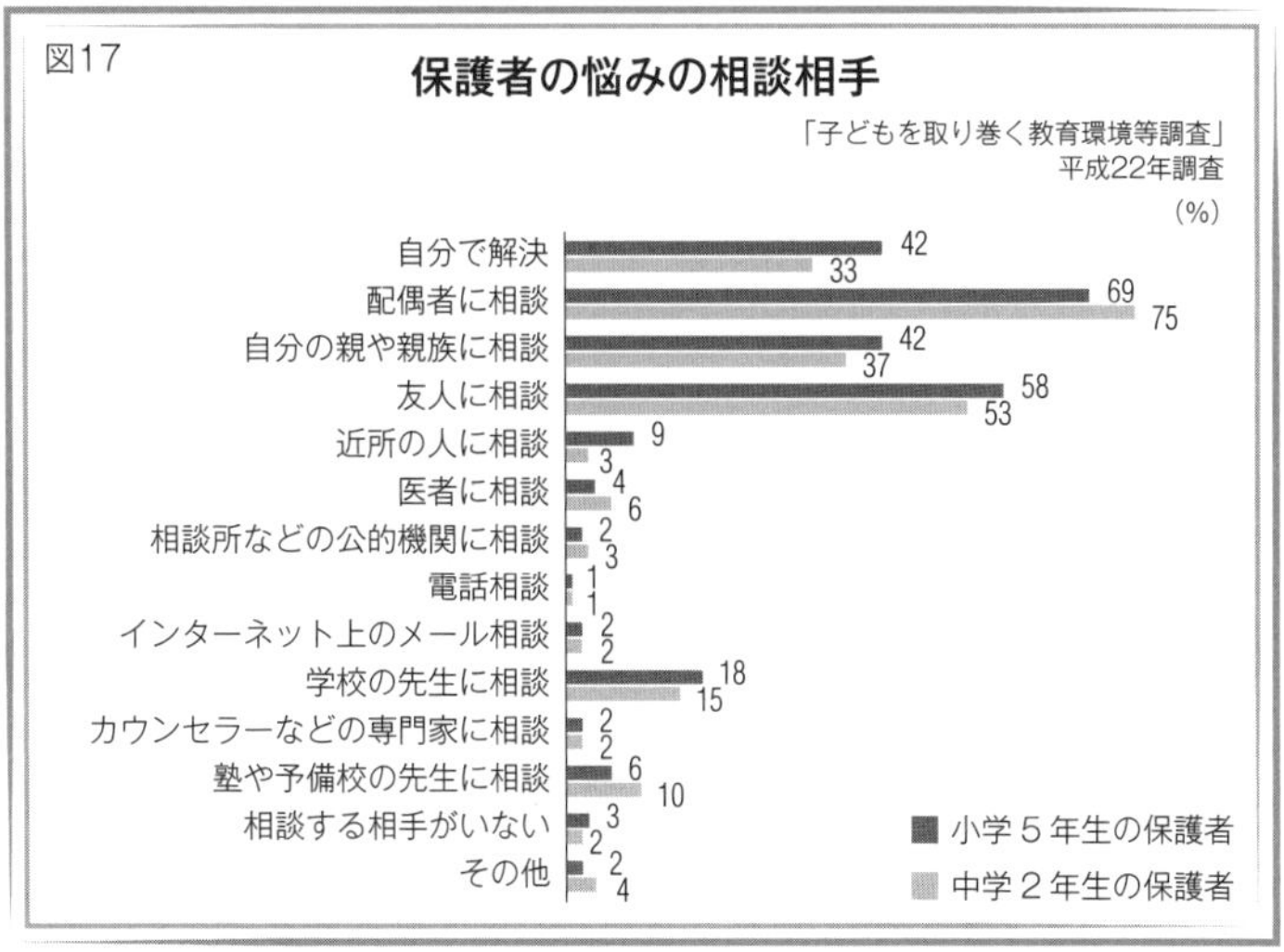
「子どもを取り巻く教育環境等調査」
平成22年調査
（%）
自分で解決 42 33
配偶者に相談 69 75
自分の親や親族に相談 42 37
友人に相談 58 53
近所の人に相談 9 3
医者に相談 4 6
相談所などの公的機関に相談 2 3
電話相談 1 1
インターネット上のメール相談 2 2
学校の先生に相談 18 15
カウンセラーなどの専門家に相談 2 2
塾や予備校の先生に相談 6 10
相談する相手がいない 3 2
その他 2 4
小学５年生の保護者
中学２年生の保護者
図17　保護者の悩みの相談相手

者をつなぐ糸になっていることを意味します。〝もしこの糸が切れたらどうしよう〟という不安はあるでしょうが、両者が力を合わせて思い切ってこの糸を断ち切るべきです。そうなると、「子どもの人生」を視野に入れた「良き社会人の育成」（自立心や社会性の育成）が共通の教育目標となってきますし、家庭や学校の役割について話し合うことができるようになるはずです。両者の子どもに対する対応も子どもを見る目も変わってきますし、子どもたちはきっと救われることになるでしょう。

気持ちを素直に話せる相手を見つける

〝成績が良ければ、人間的にも本当に素晴らしい人間だ〟と言えるのでしょうか。成績が上がらないなら「学習塾に行かせよう」と単純に考えてよいのでしょうか。事はそう簡単ではありません。とかく「自分自身の悩みを人に話すのは恥ずかしい」「悩んでいることを他人に知られるのは怖い」と敬遠しがちですが、決してそんなことはありません。自分の気持ちが素直に話せるような仲間を見つけることが大切ですし、自分だけで悩まないように、早めに誰かに相談してほしいのです。

前掲の児童虐待を行った母親の多くが地域との接触がほとんどないとのことですから、地域を挙げて孤立しないような支援体制づくりが、急がれます。

(2) 教師の悩み

ア　教師の仕事上の悩み

続いて「教師の悩み」[19]について見てみます。表4では、「教材準備の時間が十分にとれない」小学校教師91％、中学教師81％、「作成しなければならない事務書類が多い」小学教師84％、中学教師77％などが高くなっていますが、その他の内容からも教師の悩みが多岐にわたっていることがわかります。

表4

教師の悩み

(%)

	小学教員	中学教員
教材準備の時間が十分にとれない	91.3	81.3
作成しなければならない事務書類が多い	84.2	76.9
教育行政が学校現場の状況把握していない	76.9	72.0
特別な支援が必要な児童・生徒への対応が難しい	75.3	76.0
休日出勤や残業が多い	67.0	73.2
図書費や教材費が不足している	66.2	57.0
児童・生徒の学力差が大きくて授業がしにくい	65.5	71.0
校務分掌の事務が負担である	63.3	55.2
生活指導(生徒指導)に時間がかかりすぎる	59.3	57.3
年間の授業時数が足りない	51.5	41.4
児童・生徒の学習意欲が低い	50.5	73.2
保護者や地域住民への対応が負担である	48.6	45.3
管理職からの評価が気になる	20.7	13.9
子どもたちが何を考えているかわからない	19.9	32.7

「第5回学習指導基本調査」ベネッセ教育総合研究所（2010年）

また、「保護者や地域住民への対応が負担である」が半数近くに達し、家庭や保護者との関係に負担を感じている教師も少なからずいるのです。

文部科学省調査[20]よると、毎年5，000人近くの教師が精神疾患によって休職しており、教師の悩みが深刻化している様子がうかがえます。

イ　教師を辞めようと思ったこと、その理由

長年仕事をしていれば、一度や二度は〝仕事を辞めたい〟と思ったことは誰もが経験することですが、教師の場合はどうでしょうか。千葉県我孫子市で行った教員対象調査[3]（図18）では、小学校・中学校教師ともに41％が「教師を辞めたいと思ったことがある」と答えています。

教師を辞めたいと思った理由（図19）は、「仕事が忙しすぎる」小学校教師53％、中学校教師63％が最も高く、「とにかく仕事が忙しすぎて体が持たない」というのが教師の本音のようです。

ちなみに教員の「一週間の勤務時間」[21]を諸外国と比較してみると、日本53.9時間、シンガ

図18

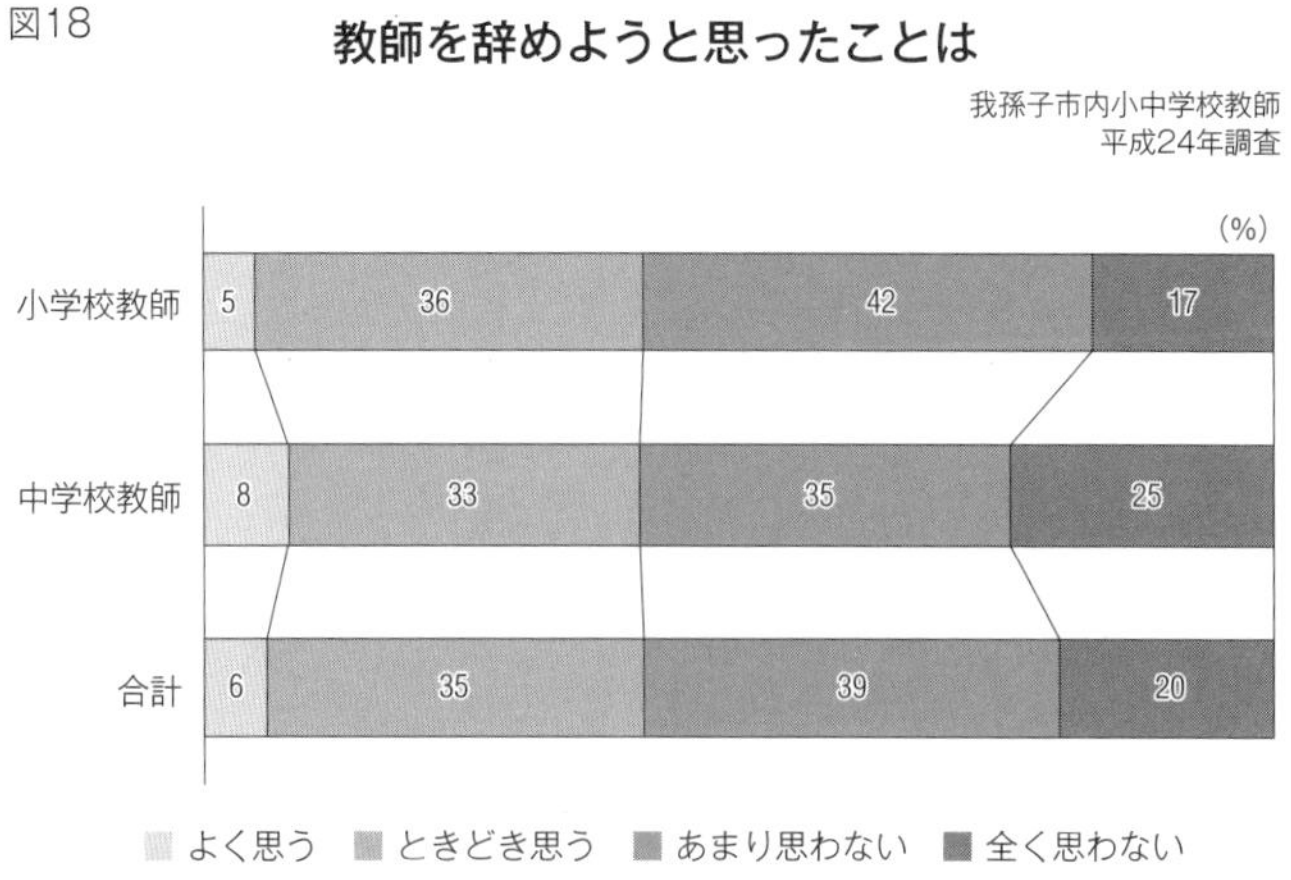
教師を辞めようと思ったことは
我孫子市内小中学校教師
平成24年調査
(%)
小学校教師
5
36
42
17
中学校教師
8
33
35
25
合計
6
35
39
20
よく思う
ときどき思う
あまり思わない
全く思わない

図19

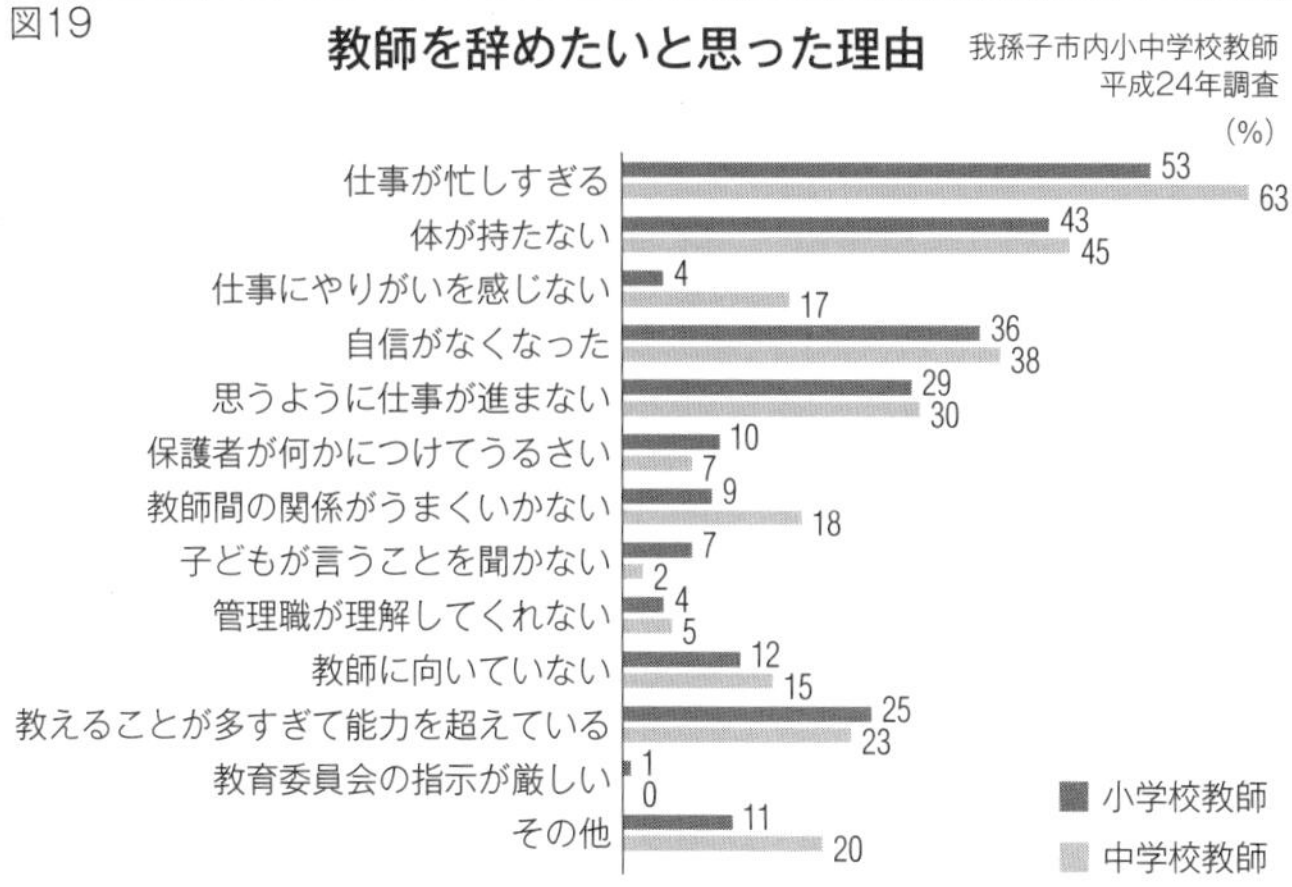
教師を辞めたいと思った理由
我孫子市内小中学校教師
平成24年調査
(%)
仕事が忙しすぎる 53 63
体が持たない 43 45
仕事にやりがいを感じない 4 17
自信がなくなった 36 38
思うように仕事が進まない 29 30
保護者が何かにつけてうるさい 10 7
教師間の関係がうまくいかない 9 18
子どもが言うことを聞かない 7 2
管理職が理解してくれない 4 5
教師に向いていない 12 15
教えることが多すぎて能力を超えている 25 23
教育委員会の指示が厳しい 1 0
その他 11 20
小学校教師
中学校教師

ポール47.6時間、オーストラリア42.7時間と続き、平均時間が38.3時間ですから、日本の教師がとても多忙であることが指摘できます。

また少数とはいえ、「自信がなくなった」「思うように仕事が進まない」「教師に向いていない」と答える教師がいるのがとても気になります。

ウ　仲間の相談にも乗れない教師たち

小学校勤務5年目のある女性教師のことです。低学年の担任になってしばらくして、授業中に教室内を歩き回ったり、大声を上げたりする子が出てきました。注意をしても聞く耳を持たず、周りの子も影響を受けて、落ち着いて勉強ができる状態ではなくなってしまいました。悩みに悩んだあげく、同じ職場にいる大学の先輩である男性教師に相談したところ、返ってきたのは「それは君の指導が悪いからだ！」という言葉。それ以来、彼女は学校に行けなくなって休職してしまいました。

先輩教師にしてみればたいしたことでなかったのかもしれませんが、本人にすれば相当深刻な状態だったはずです。恥を忍んで相談したに違いありません。これでは、子どもの

〝いじめ〟と同じではないでしょうか。

もしこの時、どこに問題があるのか、子どもの自身の問題なのか、教師に問題があるのか、それとも学校全体で対処しなければいけないものなのかなど、彼が真剣に相談に乗ってくれていたら、その結果は大きく違ったものになっていたはずです。

もっと教師間で助け合えるような教育環境でなければなりません。子どもたちには、〝いじめ〟は良くないと指導しているにもかかわらず、このような状態があるとすれば、子どもたちにとっても教師にとっても、「楽しい学校」とはほど遠いものになってしまいます。

3　保護者から学校へのクレーム

教師を辞めようと思った理由の一つに、「保護者が何かにつけてうるさい」という意見があったことから、ここでは保護者の学校に対するクレームの状況を見ていきます。

クレームの多くは母親からのようですが、最近では、父親や祖父母からのクレームも増えてきているようです。「友だちに貸したお金が戻ってこない。教師は責任持って何とかしろ」「スポーツ指導時の先生の言葉が厳しすぎる。もっと優しく言うべきだ」「問題のある子と同じクラスにしないでほしい」「他の子どもからうちの子が文句を言われた。その子をしっかりと指導してほしい」「子どもの成績が上がらないのは教師のせいだ。担任を変えてくれ」「うちの子は担任と性格があわない。クラス替えをしてほしい」「うちの子を演劇の主役にしてほしい。もしできなければ出演させない」など、無理な注文が数多くなされているようです。なかには事件に発展するような、こんな事例もあります。

ある中学校でのことですが、子どもの成績が良くならないので、母親が「何とかしてほしい」と数回にわたって担任教師に頼みに行ったそうです。しかし成果がなかなか目に見えてこないので、それに腹を立てた父親が学校に乗り込み、校長室に陣取って「お前たちは我々の税金で雇っている身だ。もっと真剣になって成績が上がるように教育しろ」と、一時間あまり怒鳴り散らしたというのです。

また小学校でのことです。男性教師が子どもとじゃれ合っていた時、何かの弾みでその男の子が転んで頭を打ってしまいました。数日後、母親はその教師を自宅に呼んで、「頭にこぶができている。これは体罰ではないか」と、その教師を強く叱責しました。たまたま帰宅した父親は子どもが体罰を受けたと思い込み、腹が立ったとその教師を殴って歯を折るなどの重傷を負わせてしまったのです。刑事事件に発展しましたが、その後この教師は、「暴行によるストレス障害に苦しんでいる」として裁判所に訴えています。また埼玉県内の公立小学校の女性教師も、子どもの親から「繰り返しいわれのない中傷を受けて不眠症になった」として、裁判所に慰謝料請求の訴訟を起こしています。

このように、不条理と思われる様々な苦情が学校に寄せられているのです。「わが子に降りかかる問題は、何としてでも親が振り払わなければ」との考えが強すぎますし、子育て不安や悩みを配偶者が聴いてくれないこと、近所に相談できる友だちがいないこと、などがその背景にありそうです。このような悩みや不安が処理されないまま蓄積され、そのはけ口として学校に向かっているように思えてなりません。

教師に対するクレームはどのような状態にあるのでしょうか。表5を見ると「1回もない」が67％ですから、3割以上の教師が何らかのクレームを受けていることがわかります。

表5

一年間の保護者からのクレーム延べ回数

（人・%）

	1回もない	1回	2回	3回	4回	5回以上	10回以上	合　計
小学校教師	185	45	17	13	2	12	5	279
	66.3	16.1	6.1	4.7	0.7	4.3	1.8	100.0
中学校教師	101	13	12	11	3	5	2	147
	68.7	8.8	8.2	7.5	2.0	3.4	1.4	100.0
合　計	286	58	29	24	5	17	7	426
	67.1	13.6	6.8	5.6	1.2	4.0	1.6	100.0

（我孫子市内教師：平成24年）

表6

保護者からのクレームの内容

（%）

	小学校	中学校	合　計
学習内容に関すること	21.4	5.9	16.3
クラス編成に関すること	12.9	14.7	13.5
学校行事に関すること	21.4	17.6	20.2
先生の言葉遣いや態度に関すること	14.3	35.3	21.2
先生の指導のあり方などに関すること	45.7	55.9	49.0
給食費の支払いに関すること	1.4	2.9	1.9
登下校時の子どもの言動に関すること	17.1	11.8	15.4
子ども同士の人間関係に関すること	52.9	29.4	45.2
他の保護者に対する言動などに関すること	14.3	0.0	9.6
学校の規則などに関すること	4.3	14.7	7.7
他人の家庭の子どもの指導のあり方に関すること	20.0	5.9	15.4
子どもの成績に関すること	5.7	5.9	5.8
学校運営に関すること	5.7	8.8	6.7
子どもの生活態度に関すること	8.6	8.8	8.7
その他	7.1	8.8	7.7
合　計	70人	34人	104人
	100.0%	100.0%	100.0%

（我孫子市内教師：平成24年）

その内容（表6）は、小学生保護者は「子ども同士の人間関係」53％、「先生の指導のあり方などに関すること」46％。中学生保護者は「先生の指導のあり方などに関すること」56％、「子ども同士の人間関係」29％のようになります。

4　保護者と教師が双方に望むこと

では、保護者や教師はお互いにどんなことを望んでいるのでしょうか。

まず、保護者が教師に望むこと（図20）は、「楽しい学校になるようにしてほしい」「子どもたちの人間関係がよくなるようにしてほしい」「子どものことに親身になってほしい」などが挙がっています。

次に、教師が保護者に望むこと（図21）については、最も高かったのが「子どものしつけをもっとしてほしい」小学生保護者56％、中学生保護者65％でした。教師が家庭に望むことは多方面にわたっていますが、特に、中学校教師の「子どものしつけをもっとしてほ

図20

保護者が教師に望むこと

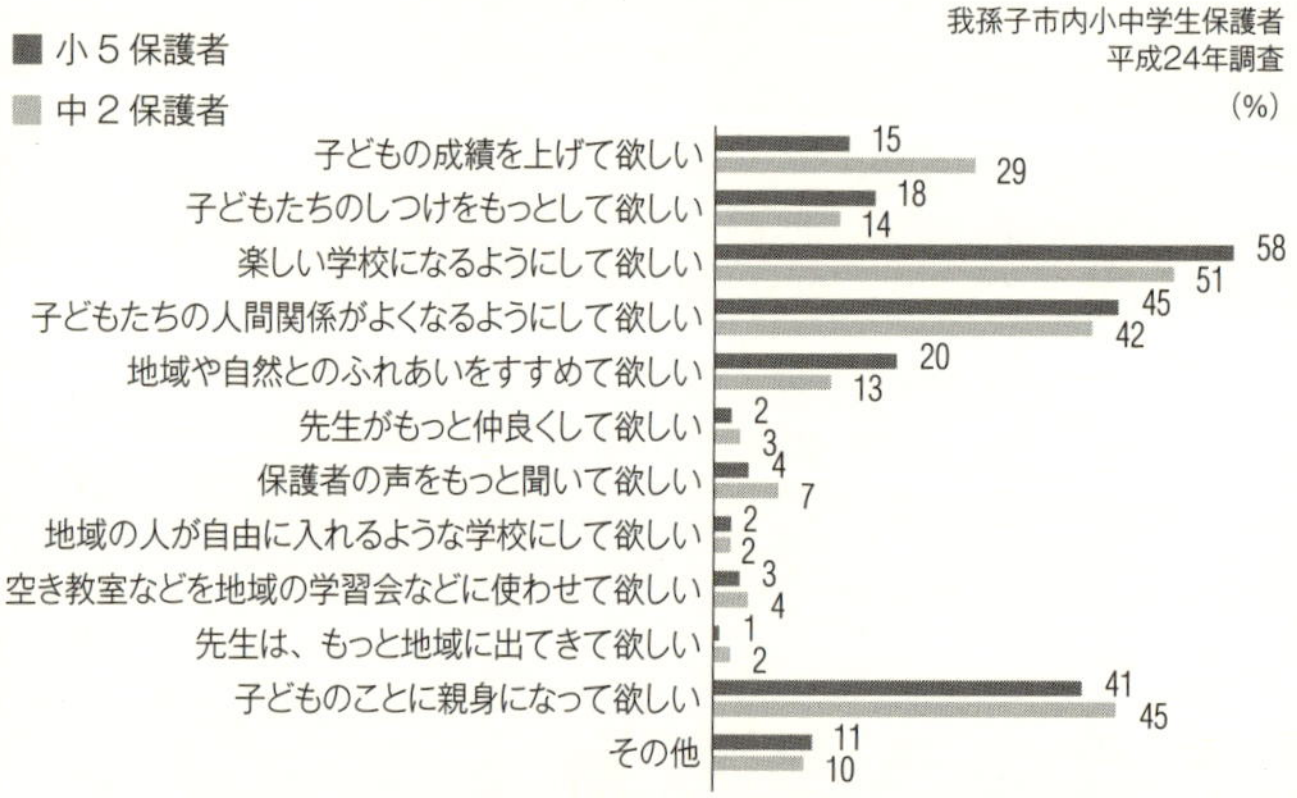
我孫子市内小中学生保護者
平成24年調査
■ 小5保護者
■ 中2保護者
(%)
子どもの成績を上げて欲しい 15 29
子どもたちのしつけをもっとして欲しい 18 14
楽しい学校になるようにして欲しい 58 51
子どもたちの人間関係がよくなるようにして欲しい 45 42
地域や自然とのふれあいをすすめて欲しい 20 13
先生がもっと仲良くして欲しい 2 3
保護者の声をもっと聞いて欲しい 4 7
地域の人が自由に入れるような学校にして欲しい 2 2
空き教室などを地域の学習会などに使わせて欲しい 3 4
先生は、もっと地域に出てきて欲しい 1 2
子どものことに親身になって欲しい 41 45
その他 11 10

図21

教師が保護者に望むこと

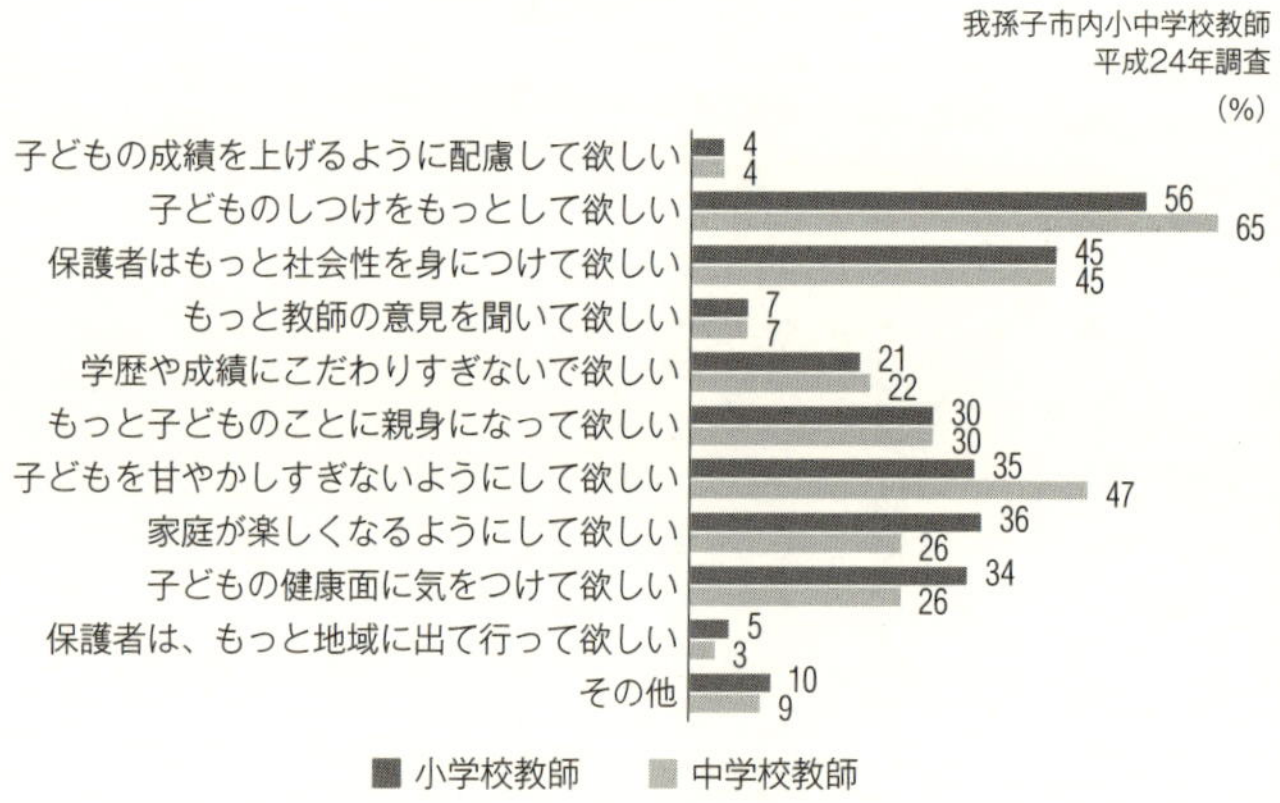
我孫子市内小中学校教師
平成24年調査
(%)
子どもの成績を上げるように配慮して欲しい 4 4
子どものしつけをもっとして欲しい 56 65
保護者はもっと社会性を身につけて欲しい 45 45
もっと教師の意見を聞いて欲しい 7 7
学歴や成績にこだわりすぎないで欲しい 21 22
もっと子どものことに親身になって欲しい 30 30
子どもを甘やかしすぎないようにして欲しい 35 47
家庭が楽しくなるようにして欲しい 36 26
子どもの健康面に気をつけて欲しい 34 26
保護者は、もっと地域に出て行って欲しい 5 3
その他 10 9
■ 小学校教師　■ 中学校教師

しい」の65％はあまりにも高く、それほど家庭生活上の問題の多くが、学校に持ち込まれていることがわかります。

この調査からわかるように、保護者の多くが「楽しい学校になるようにしてほしい」と望み、教師は保護者には「しつけをしっかりしてほしい」と希望しています。

5　保護者と教師の良い関係づくりを

保護者も教師も忙しい状況に置かれているため、両者が歩み寄って話し合える時間が取れないのも事実です。だからといって、子どもの教育に関することが疎かになっていいわけはありません。

保護者が学校にクレームをつけるのは、学校に救いを求めていることの表れかもしれませんので、これらを形式的に処理しないで、保護者の意見をじっくりと聞く姿勢を持つことが大切です。そして普段から、教師と保護者が十分な連携を図るように双方の努力が求められますし、「子どもの自立」を促すための話し合いをすることです。

教師の忙しさが少しでも軽減されるような配慮を、関係行政には望むところです。そして、子どもを取り巻く種々の問題については、その責を教師一人に負わせるのではなく、学校全体で取り組めるような体制づくりが必要です。その時、家庭教育研究機関・行政、あるいは福祉専門家の協力を仰ぐことも、併せて考える必要があります。

5章　子どもの悩み、親の不安

1　子どもたちが抱える課題

(1) 子どもたちの悩み

ストレス社会と言われる今、子ども、保護者、教師の誰もが少なからず何らかの悩みや心配ごとを持っているはずです。ただ、相談したくても相談相手がいないこと、たとえいたとしても、「こんなことで悩んでどうする。しっかりしろ！」と自己否定されるのではないか、相談相手に迷惑がかかるのではないかなどの心配から、子どもは親にも相談できず、保護者もまた配偶者に悩みを打ち明けることができないでいます。そのため悩みを自分一人で抱え込んでしまい、子どもたちは、いじめ、不登校などへ、親は子どもの虐待などへとつながっているようです。うつ病になる人も増えてきています。悩みを持つことは自己否定につながるものではありませんし、誰もが同じような悩みを持っているのですから、恥ずかしがらずに勇気を持って早めに信頼できる人に相談することが大切です。

　ここでは、子どもたちはどんな悩みを持っているのか、図22[22]から見てみましょう。その結果、「悩みや心配はない」が小学生54％、中学生29％ですから、小学生の半数近くが、中学生では7割が何らかの悩みを持っていることがわかります。特に中学生には「勉強や進学のこと」が重くのしかかっている様子がうかがえます。

　そして、悩みの相談相手（図23）は、小中学生ともに、母親が高いことがわかります。

図22

子どもたちの悩みとその内容

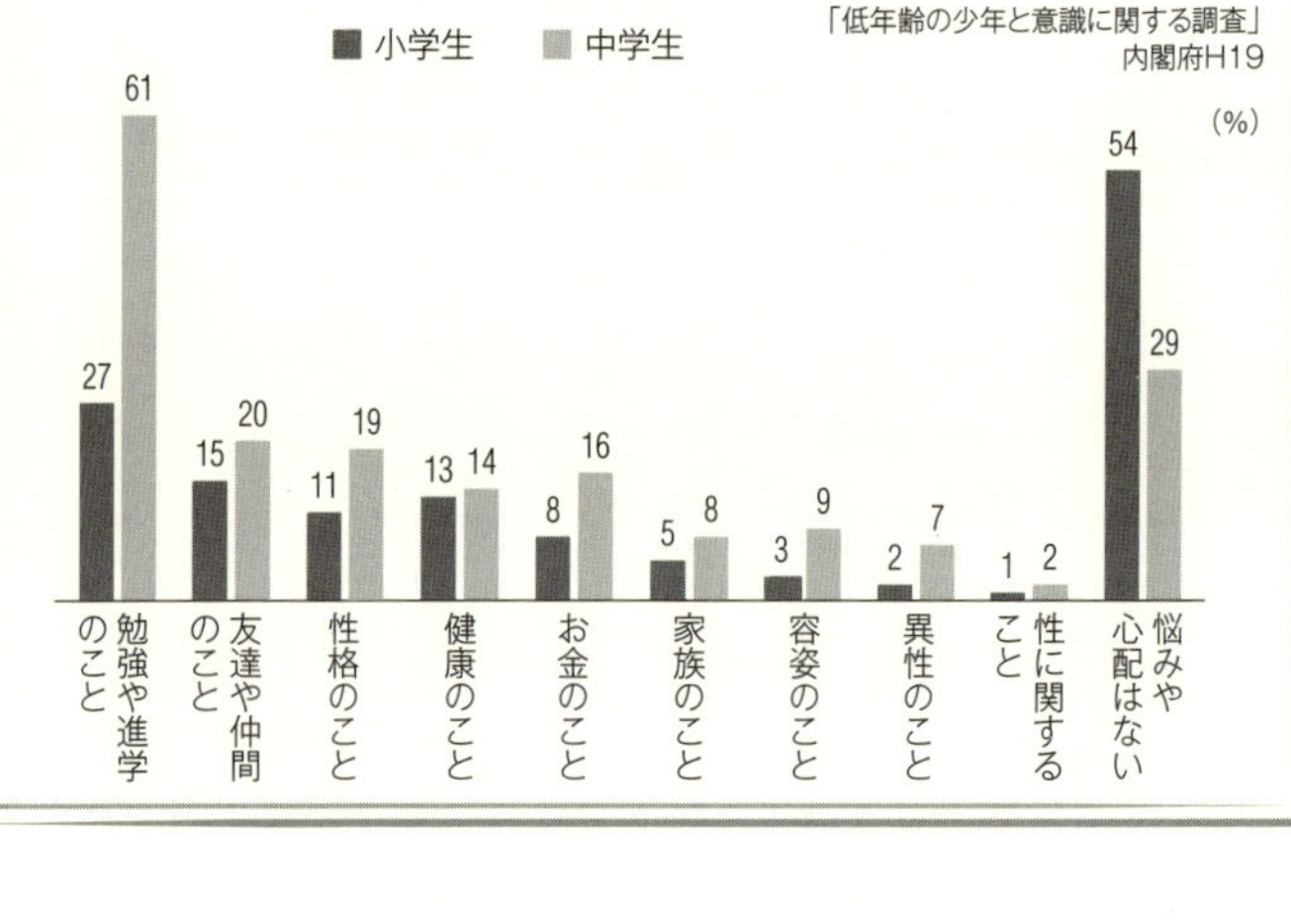

小学生
中学生
「低年齢の少年と意識に関する調査」
内閣府H19
(%)
27
61
15
20
11
19
13
14
8
16
5
8
3
9
2
7
1
2
54
29
勉強や進学のこと
友達や仲間のこと
性格のこと
健康のこと
お金のこと
家族のこと
容姿のこと
異性のこと
性に関すること
悩みや心配はない

そして悩みの多くが勉強や友だち関係のようですから、「学校」を抜きにしては考えられません。ただ、「学校の先生に相談する」は2割前後で、学校の先生は子どもたちにとっては煙たい存在のようです。

また、千葉県柏市内の小中学生調査⑮によると、「学校に行きたくないと思ったことがある」が、小学生39％、中学生43％に達していますので、このことも十分考慮しなければなりません。

(2) 子どもたちの人間関係

ア　他人との関わり方

子どもたちには、他人と積極的に関わりつ

図23

子どもの悩みの相談相手

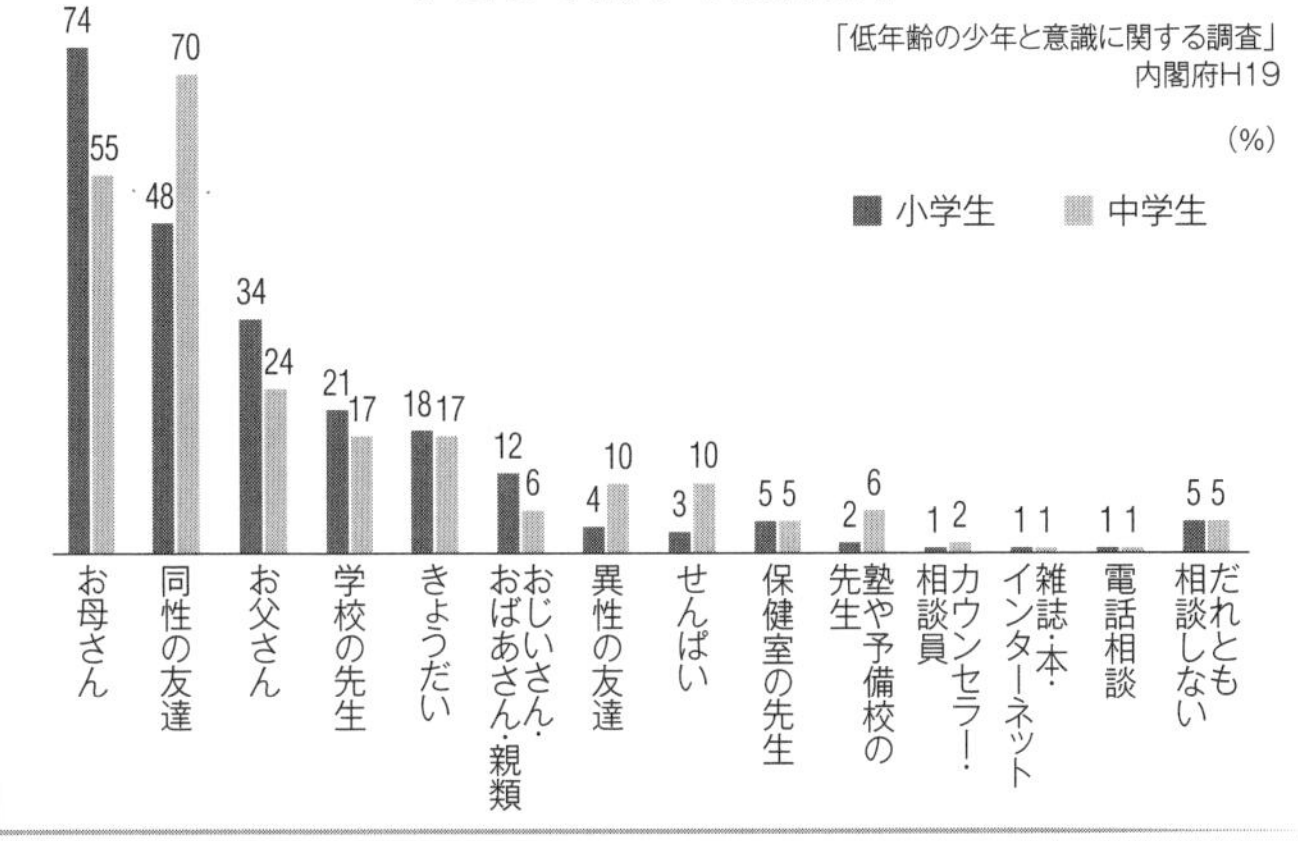

「低年齢の少年と意識に関する調査」
内閣府H19
(%)
小学生
中学生
74
55
48
70
34
24
21
17
18
17
12
6
4
10
3
10
5
5
2
6
1
2
1
1
1
1
5
5
お母さん
同性の友達
お父さん
学校の先生
きょうだい
おじいさん・おばあさん・親類
異性の友達
せんぱい
保健室の先生
塾や予備校の先生
カウンセラー・相談員
雑誌・本・インターネット
電話相談
だれとも相談しない

つ、自信を持って生きていってほしいのですが、果たしてその実態はどうでしょうか。ここでは、「他人との関わりに関すること」（図24）の5項目を取り上げてみます。その結果、「人と協力して物事を行うことがある」と、「他人を思いやる気持ちがある」は、両者とも7割強が肯定的でしたが、否定的な回答も約1割ありました。

　また「人の好き嫌いがある」「人に頼ることがある」「自分はダメ人間だと思うことがある」は3割から5割もあり、子どもたちの多くが対人関係上の問題を抱えていることや、自信のなさが浮かび上がってきます。

　そこで「人の好き嫌いがある」の一項目だ

図24 他人との関わりに関すること

「子どもを取り巻く教育環境等調査」
平成22年調査

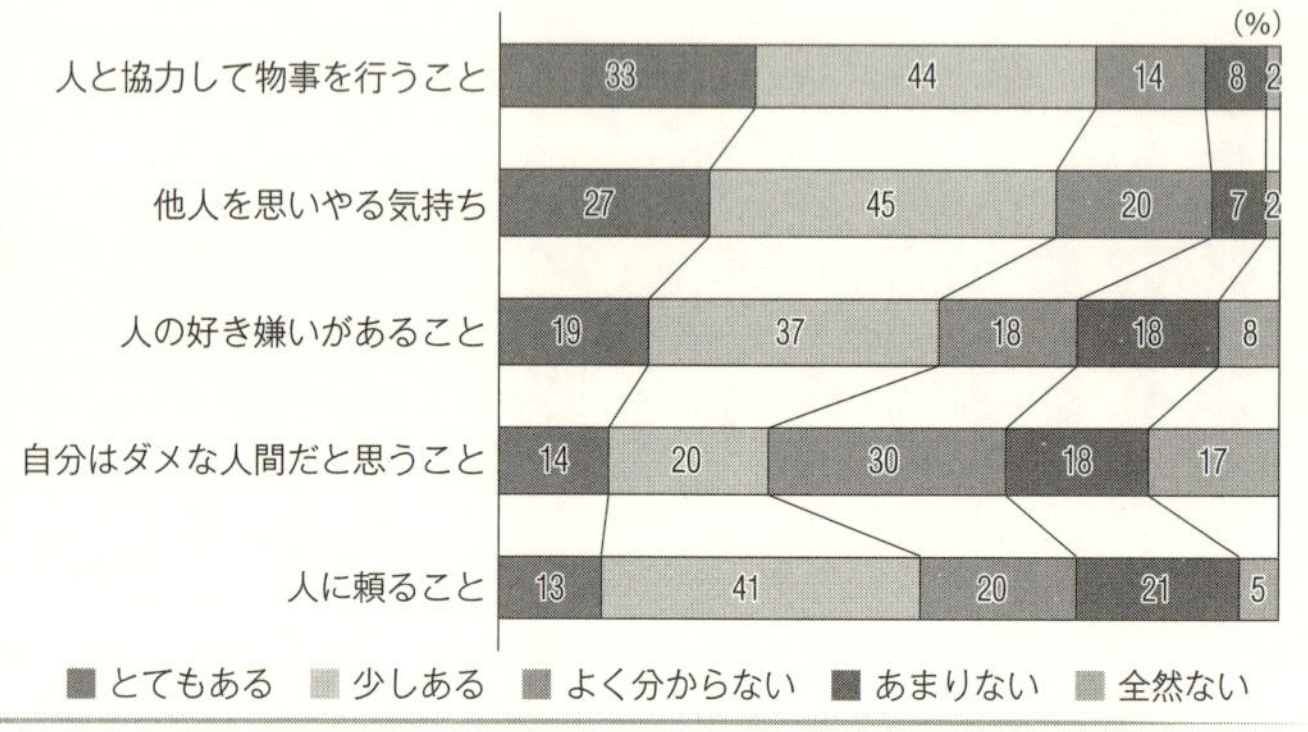
(%)
人と協力して物事を行うこと
33
44
14
8
2
他人を思いやる気持ち
27
45
20
7
2
人の好き嫌いがあること
19
37
18
18
8
自分はダメな人間だと思うこと
14
20
30
18
17
人に頼ること
13
41
20
21
5
とてもある
少しある
よく分からない
あまりない
全然ない

けを取り上げて、「家庭が楽しいか」と比較（図25）してみましょう。その結果、「人の好き嫌いはとてもある」と答える子どもは、「家庭は楽しい」86％、「家庭は楽しくない」14％ですが、「人の好き嫌いは全然ない」と答える子どもは、「家庭は楽しい」93％、「家庭は楽しくない」7％のようになります。他の4項目も同様に、「家庭が楽しい」と答える子どもたちの方が、肯定的な回答になります。ここでも、家庭の楽しさと関連性のあることがわかります。

イ　他人から注意されたときの言動

最近では、他人の子どもを注意すると、す

図25

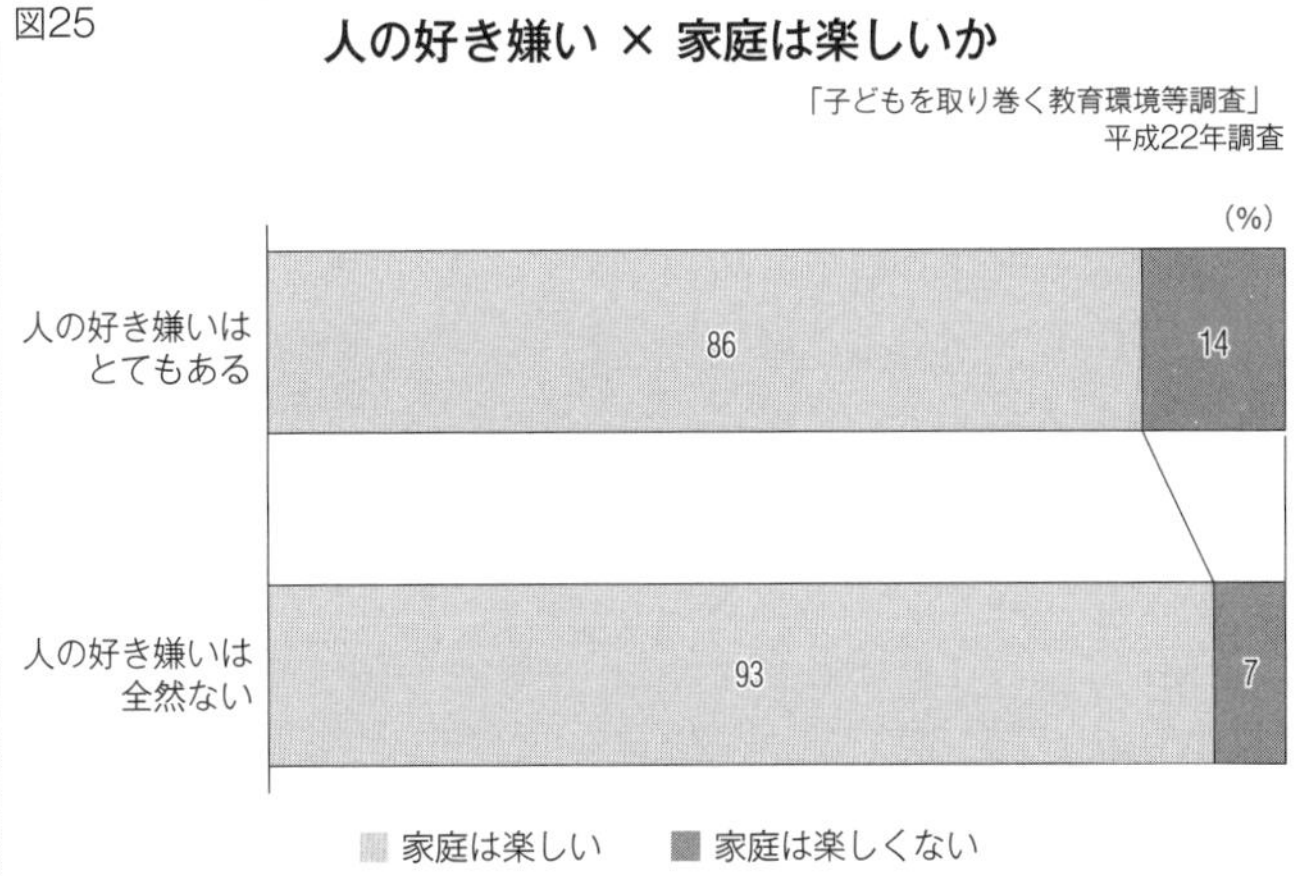

ぐに親が出てきて逆に文句を言われたりすることがあります。そのため、周りの人たちも余計なことに口を挟むのを躊躇するようになりました。

そこで、今の子どもたちがどの程度他人から注意されたり、しかられたりしたことがあるのか、もしあるとすれば、そのときどのような言動をとったのか、気になります。その様子を見ていくと、全体の約7割（小学生69％、中学生69％。男子75％、女子62％）が「他人から注意されたことがある」と答え、予想以上に人から注意されていることがわかります。

その時の言動を表7⑭にまとめてみました

表7

他人から叱られたときの言動

（%）

	小学生	中学生	合　計
何も感じなかった	12	10	11
全く無視した	14	18	17
よけいなお世話だと思った	23	33	29
ムシャクシャした	24	28	26
カッときた	25	24	24
言葉で言い返した	7	8	8
その人に殴りかかった	2	2	2
その辺の物を蹴飛ばした	10	7	8
バカなやつだと思った	10	12	11
友だちにグチを言った	15	22	19
親にグチを言った	10	10	10
すぐに謝った	31	36	34
悪いと思って反省した	41	29	33
言われて嬉しかった	3	1	2
その他	11	11	11

関東圏・福島県の小中学生（平成12年）

が、謝ったり反省したりする者が3割強いる一方で、2割から3割がよけいなお世話だと感じたり、ムシャクシャしたり、カッとしたりする状況にあることがわかってきました。

ただ、図26から「家庭が楽しい」と答える子どもは、「すぐに謝った」「悪いと思って反省した」との比率が高くなりますが、「家庭が楽しくない」と答える子どもは「よけいなお世話だと思った」「ムシャクシャした」「カッときた」の比率が高くなります。

さらに、「誰から注意されたか」を調べてみると、「知らない人」が過半数いることがわかります。ただ、知らない人から叱られた場合には「よけいなお世話だと思った」「ム

図26　**人から注意されたときの言動×家庭は楽しいか**

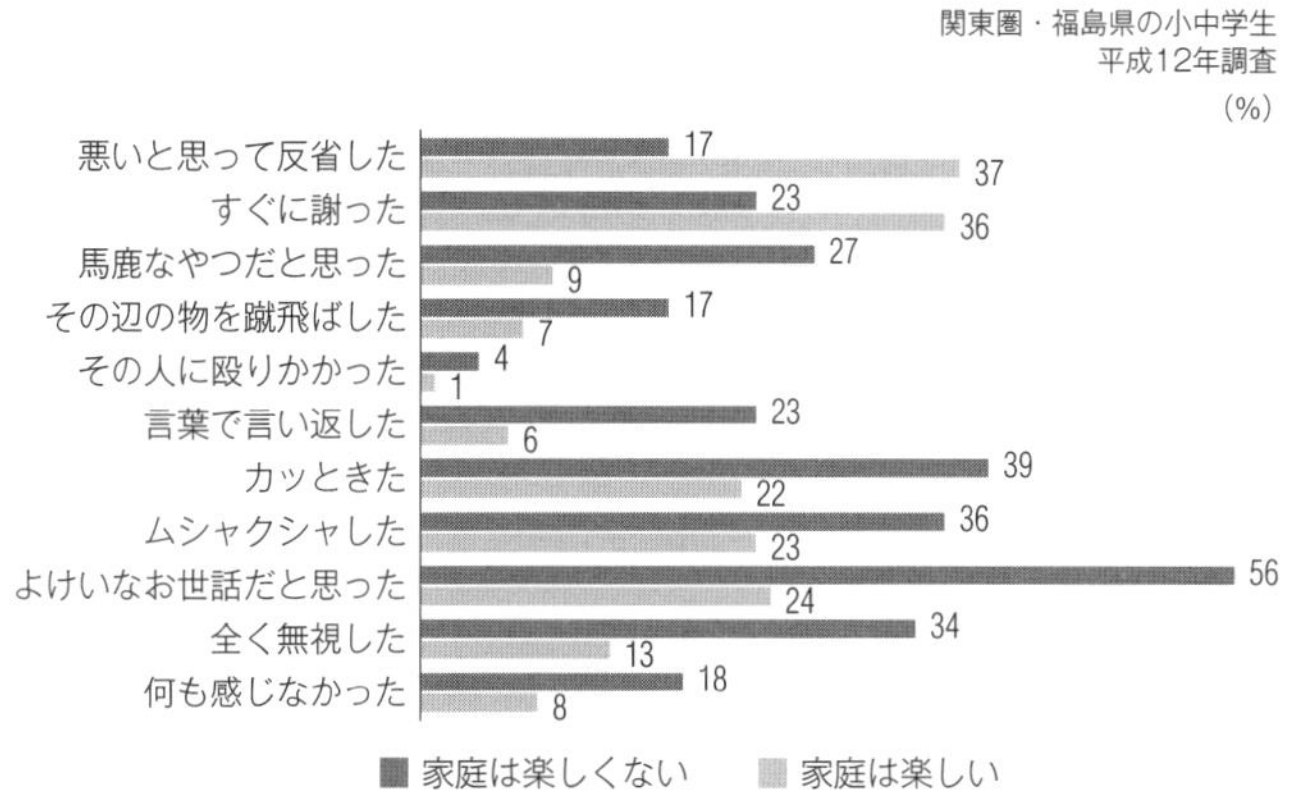
関東圏・福島県の小中学生
平成12年調査
(%)
悪いと思って反省した 17 37
すぐに謝った 23 36
馬鹿なやつだと思った 27 9
その辺の物を蹴飛ばした 17 7
その人に殴りかかった 4 1
言葉で言い返した 23 6
カッときた 39 22
ムシャクシャした 36 23
よけいなお世話だと思った 56 24
全く無視した 34 13
何も感じなかった 18 8
家庭は楽しくない
家庭は楽しい

シャクシャした」「カッときた」「その人に殴りかかった」「その辺の物を蹴飛ばした」などの数値が高くなる一方、近所の人や友だちの親などから叱られた場合には、「悪いと思って反省した」「すぐに謝った」などの数値が高くなります。顔見知りの人だと、優しく語りかけてくれたり、諭してくれたりするような気配りなどがあって、このような結果になるものと思われます。

(3) 不登校の背景と友だち関係

一般的に不登校の原因は、学校の友だち関係が強く影響しているとの印象がありますが、果たしてその実態はどうなのか、見ていくことにします。

文部科学省調査[23]によると、小中学生の「不登校」は年間約12万人になりますが、その「きっかけと考えられる状況」(表8)を整理してみると、理由も様々であることがわかります。

このデータによると、「不安など情緒的混乱」約30%と「無気力」約26%の2項目が極めて高く、以下「いじめを除く友だち関係」約15%、「親子関係を巡る問題」約11%、

「学業の不振」約9％と続き、「いじめ」はわずか1％です。

これを分類ごとに集計してみると、「学校に係る状況」約34％、「家庭に係る状況」約20％、「本人に係る状況」約81％のようになり、「子ども本人に係る状況」が圧倒的に多いことがわかります。

ただ、少ない比率とはいえ、平成26年度のいじめ件数は全体で18万件を越え、その内訳は小学校約12万件、中学校5万件、高等学校1万件になりますので、「いじめ」が深刻な問題であることに変わりはありません。

表8　**不登校になったきっかけと考えられる状況**

(%)

学校に係る状況	いじめ	1.1
	いじめを除く友人関係	14.5
	教職員との関係をめぐる問題	1.9
	学業の不振	8.8
	進路にかかる不安	1.4
	クラブ活動，部活動等への不適応	1.8
	学校のきまり等をめぐる問題	1.6
	入学，転編入学，進級時の不適応	2.7
家庭に係る状況	家庭の生活環境の急激な変化	5.6
	親子関係をめぐる問題	10.9
	家庭内の不和	3.9
本人に係る状況	病気による欠席	8.1
	あそび・非行	6.9
	無気力	25.9
	不安など情緒的混乱	29.8
	意図的な拒否	5.1
	「病気」「意図的な拒否」に該当しない問題	5.0
その他		2.2
不明		1.4

＊複数回答。文部科学省調査（平成26年度）

2　親の不安や心配ごと

では、親は、子育てについてどのような不安を持っているのでしょうか[22]。

まず、「子育ては楽しみや生きがいである」という意見（図27）に対しては、「そう思う・まあそう思う」が約9割ですが、「子育ては辛く、苦労が多い」という意見には、約4割が「そう思う・まあそう思う」と答え、子育てが辛いと感じている親御さんが結構いることがわかります。そこで、子どものことに関してどのような不安があるのか、図28から見てみましょう。その結果、「進学や受験」52％、「勉強や成績」45％、「基本的な

図27

子育てに関する感情

「低年齢の少年と意識に関する調査」
内閣府H19

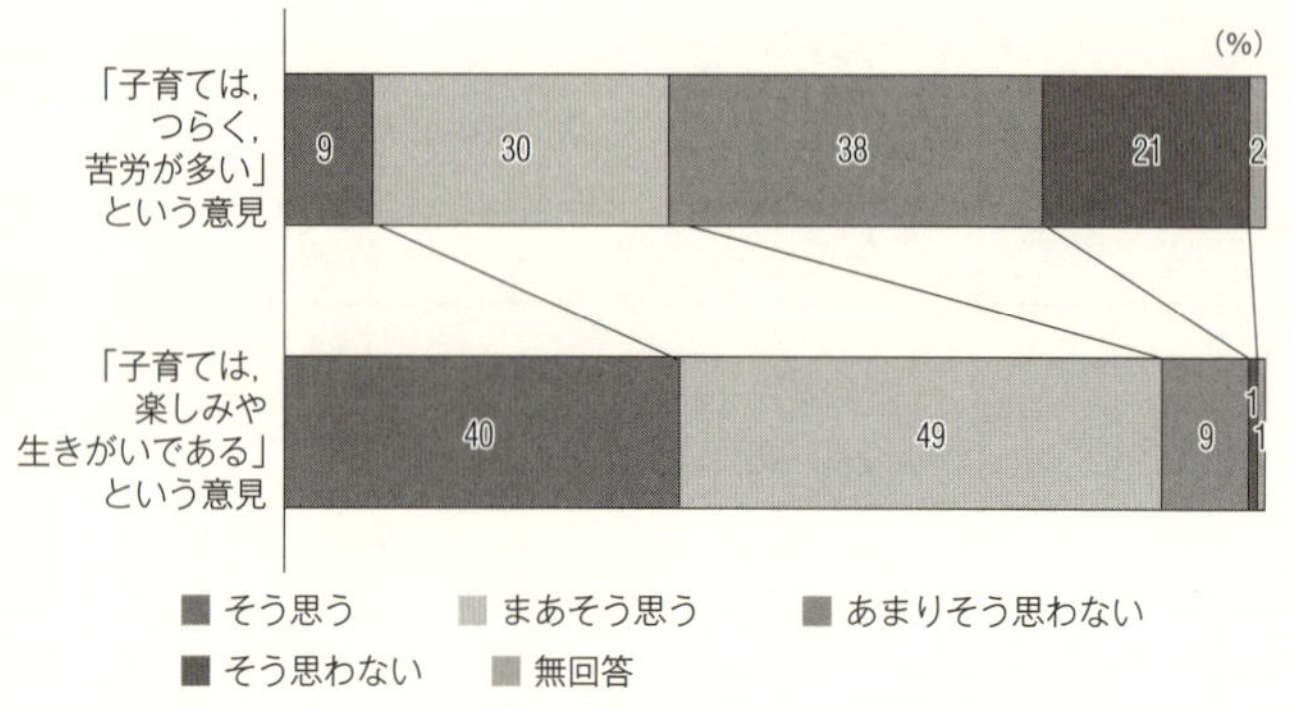
(%)
「子育ては，つらく，苦労が多い」という意見
9
30
38
21
2
「子育ては，楽しみや生きがいである」という意見
40
49
9
1
1
そう思う
まあそう思う
あまりそう思わない
そう思わない
無回答

生活習慣やマナー・礼儀が身についていないこと」36％と続き、進学や勉強に関する不安が多いことがわかります。ただ「心身の病気」「非行や問題行動」「子どもの気持ちがわからないこと」などが、2割いることも明らかになっています。

では、このような心配ごとが生じたとき、親御さんは何を参考にし、どのような行動をとっているのでしょうか。図29では、「配偶者・パートナーの意見」82％、「友達の意見」47％、「自分の親やきょうだいの意見」46％などが高く、多くが身近な人に相談していることがわかります。

図28

親が子どものことで不安に思うこと

「低年齢の少年と意識に関する調査」
内閣府H19

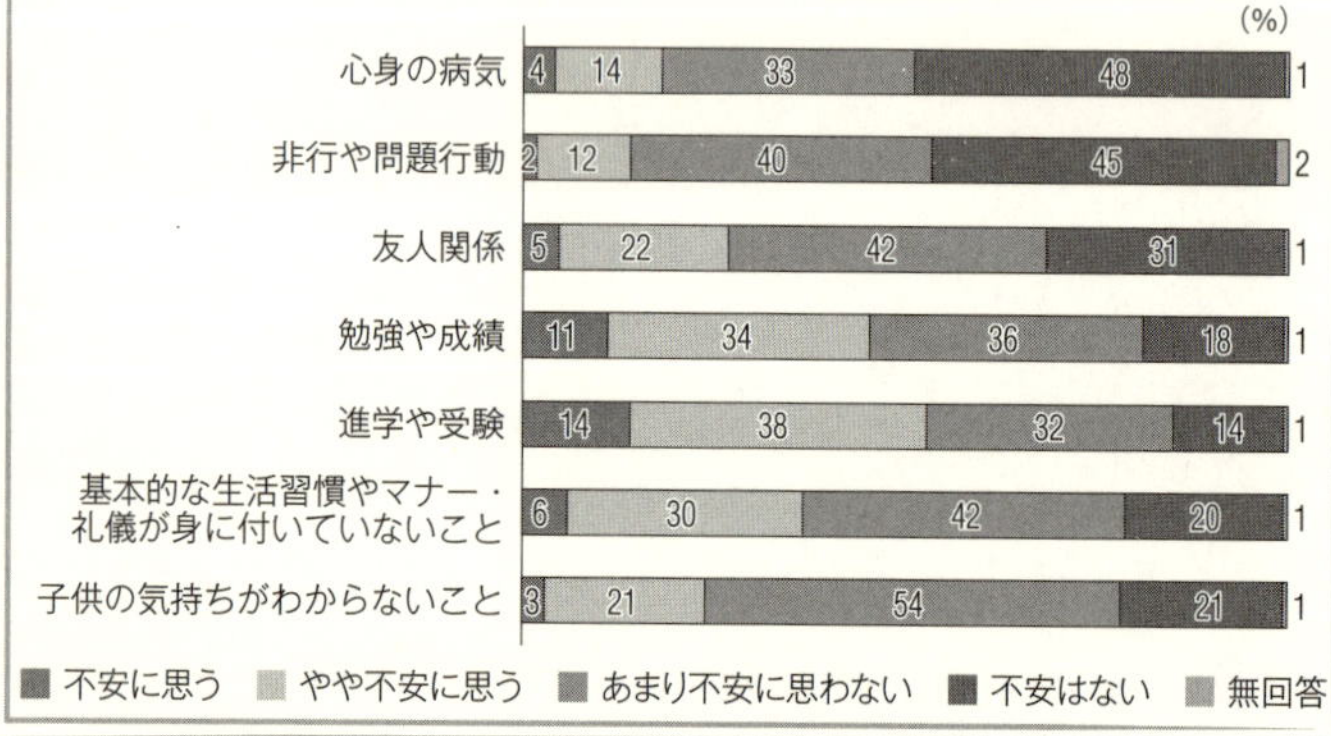
(%)
心身の病気 4 14 33 48 1
非行や問題行動 2 12 40 45 2
友人関係 5 22 42 31 1
勉強や成績 11 34 36 18 1
進学や受験 14 38 32 14 1
基本的な生活習慣やマナー・礼儀が身に付いていないこと 6 30 42 20 1
子供の気持ちがわからないこと 3 21 54 21 1
不安に思う
やや不安に思う
あまり不安に思わない
不安はない
無回答

図29

心配や困ったことが起こったとき参考にするもの

「低年齢の少年と意識に関する調査」
内閣府H19

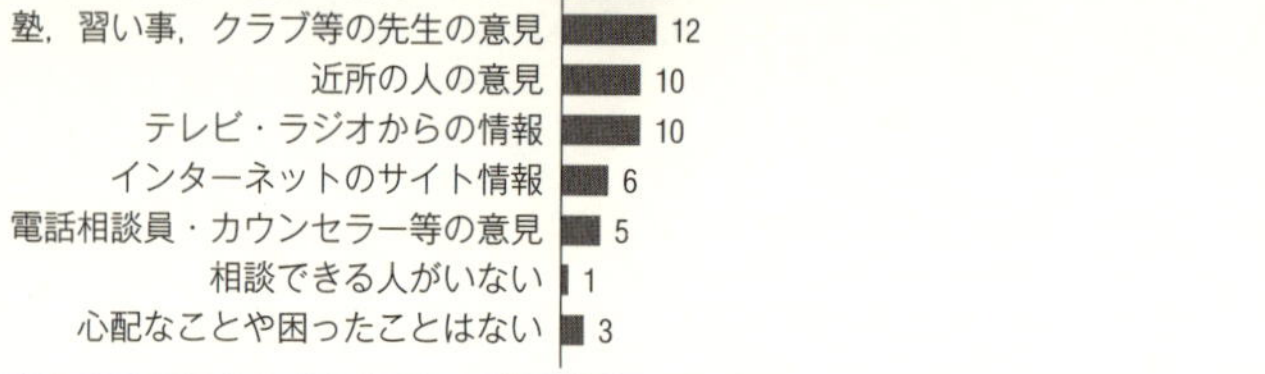
(%)
配偶者・パートナーの意見 82
友達の意見 47
自分の親やきょうだいの意見 46
学校の先生の意見 33
配偶者・パートナーの親などの意見 21
育児書・育児雑誌・新聞のコラム 14
塾，習い事，クラブ等の先生の意見 12
近所の人の意見 10
テレビ・ラジオからの情報 10
インターネットのサイト情報 6
電話相談員・カウンセラー等の意見 5
相談できる人がいない 1
心配なことや困ったことはない 3

3　悩みを一人で抱え込まないこと

子どもたちの悩みの多くが「勉学や進学のこと」に集中していることから、学校では〝わかる授業〟が求められますが、「友だち関係」「性格のこと」「家族のこと」などは他人には言いにくいことなので、普段から子どもへの気配りが大切です。

親の心配ごとでは、「進学や受験など」が上位にきていることから、子どもに〝勉強しろ！〟と、つい口うるさくなるのでしょう。あまり言い過ぎるとかえって反抗しますし、やる気は削がれていくことになり、結果的に成績が上がらないと自信の喪失にもなりかねません。

大事なことは、このような不安や悩みを自分一人で抱え込まないことです。そのためには、気分転換のできる自分の興味や関心のある何かに取り組むこと、気楽に話のできる仲間を見つけることです。そして、巻末に相談機関等を挙げておきますので、気軽に相談されることをお勧めします。

6章　食事が変える心の健康

1　気になる子どもたちの健康

子どもたちと一緒の山登りでは、歩きの遅い子どもを先頭にしてゆっくり進むのですが、歩き始めて30分もすると、あちこちから「疲れた！　もう帰ろうよ」「車で迎えに来てほしい」などと言いだします。長時間、しかも平坦な道しか歩いたことのない子どもたちがデコボコ道を歩くのですから、負担を伴うのは当然ですし、精神的な不安も加わってこのような発言になるようです。それよりももっと驚いたことは、つまずいてよく転ぶことです。顔にケガをしたり、手を骨折する子が多く出ますが、自分の体を支える瞬時の行動がとれないのです。

〝危ないから〟との理由で、体を使った遊びや屋外を走り回ることをしてこなかったことから、筋力や骨の健全な発達が不十分と言わざるを得ません。人間が本来持っている保身機能は、間違いなく弱体化してきています。

ここで、子どもたちの普段の健康状態⑮(図30)を探ってみると、「疲れやすいことがよくある・時々ある」68%と7割近くいるのですから、山登りで「疲れた」との発言が出るのはもっともなことでしょう。

これらの背景には、身体的な要因以外に家庭の楽しさが関係しているのではないかと考え、調べてみることにしました。そこで、家庭が「とても楽しい」と「全然楽しくない」の両者と、子どもたちの「健康状態」(「よくある」)を比較(図31)してみると、すべ

図30

子どもたちの健康状態

「子どもを取り巻く教育環境等調査」平成22年調査

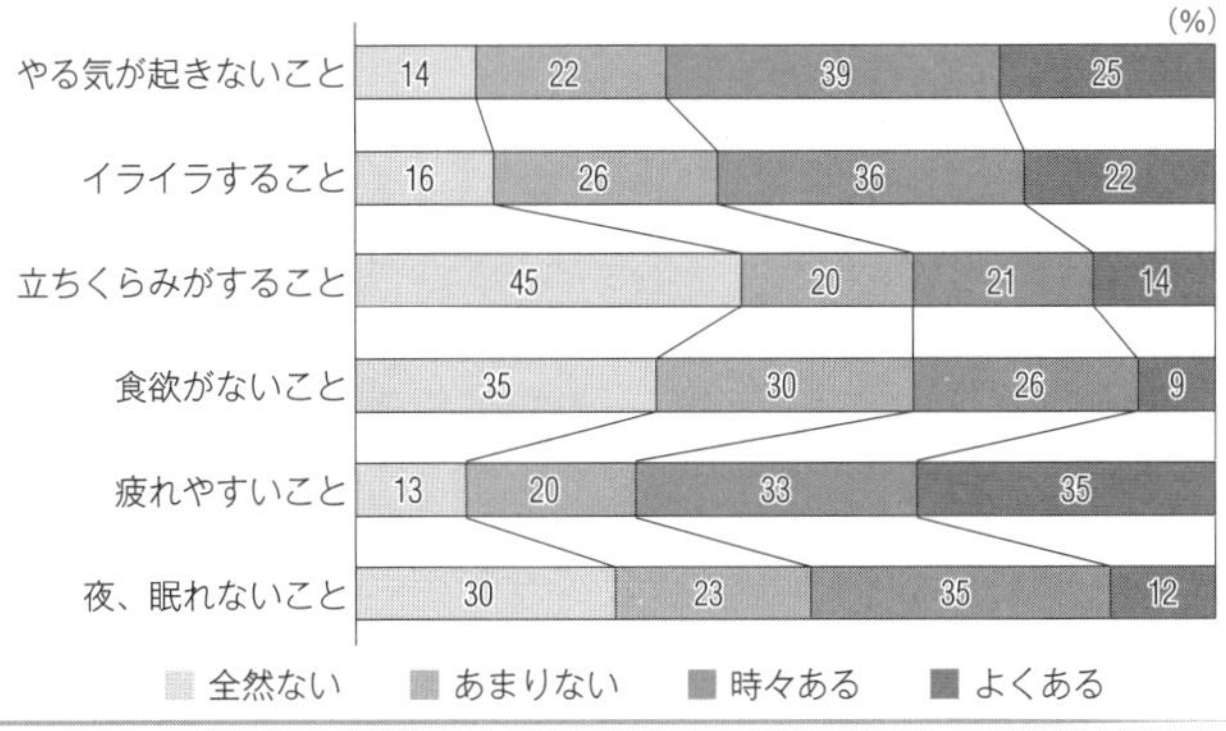
(%)
やる気が起きないこと
14
22
39
25
イライラすること
16
26
36
22
立ちくらみがすること
45
20
21
14
食欲がないこと
35
30
26
9
疲れやすいこと
13
20
33
35
夜、眠れないこと
30
23
35
12
全然ない
あまりない
時々ある
よくある

ての項目において「家庭が楽しい」と答える子どもの方が、健康状態が良好なことがわかってきました。特に、「やる気が起きないことがよくある」「イライラすることがよくある」「疲れやすいことがよくある」の3項目には大差が見られます。

そこで、「疲れやすいことがよくある」のみを抽出して、その他の5項目との関連性を調べてみると、「やる気がおきないこと」「イライラすること」の2項目に「疲れやすい」が顕著に表れてきます。

また「体力・運動能力調査」[24]から体育の授業時間を除いた「一週間の総運動時間」をみると、小学5年生は「60分未満」が男子

図31　**子どもたちの健康状態 × 家庭は楽しいか**

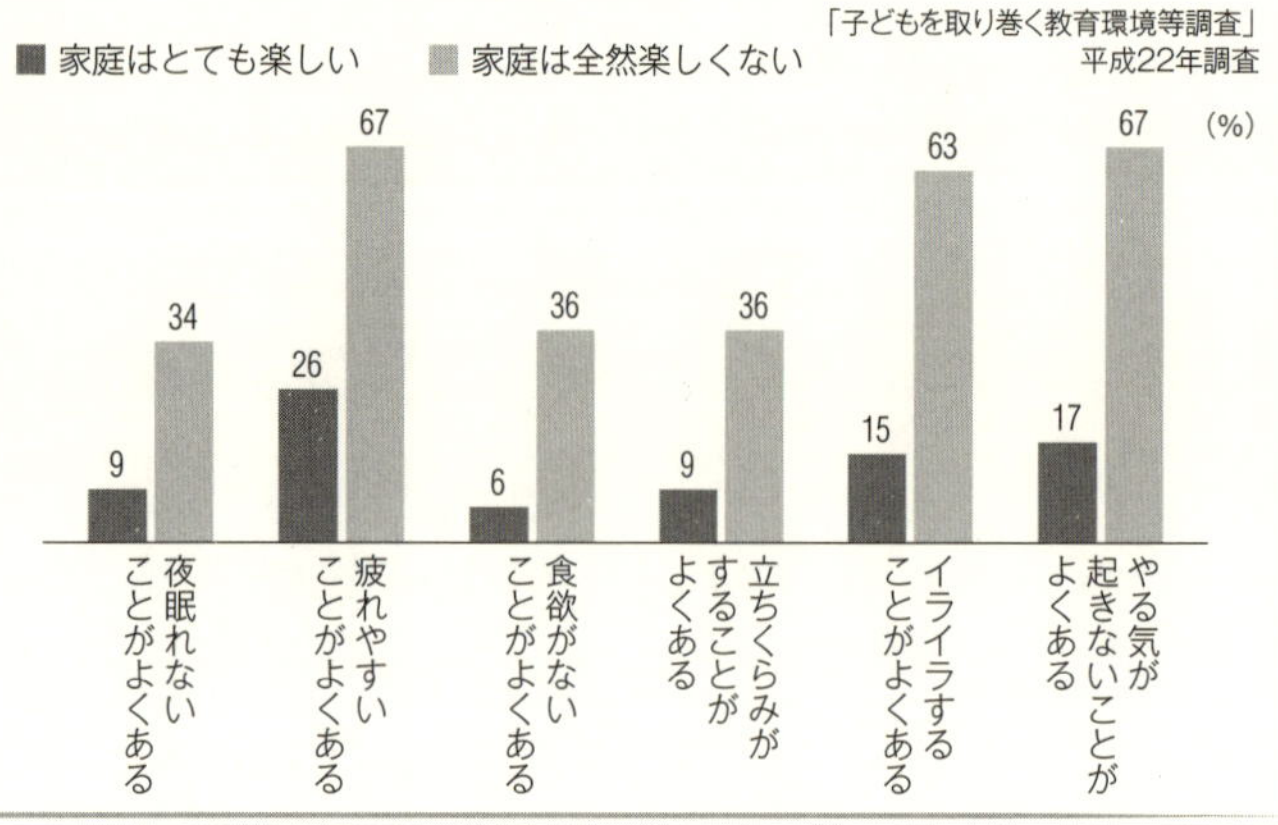
「子どもを取り巻く教育環境等調査」
平成22年調査
家庭はとても楽しい
家庭は全然楽しくない
(%)
9
34
26
67
6
36
9
36
15
63
17
67
夜眠れないことがよくある
疲れやすいことがよくある
食欲がないことがよくある
立ちくらみがすることがよくある
イライラすることがよくある
やる気が起きないことがよくある

6％、女子13％、このうち「運動時間ゼロ」は男子46％（全体の3％）、女子37％（全体の5％）。中学2年生は「60分未満」は男子7％、女子22％となり、このうち「運動時間ゼロ」は男子73％で全体の5％、女子68％で全体の15％となっています。これでは足腰が弱くなるのは当然ですし、活力も積極性も生まれてはきません。

最近、保育園児の中には、噛む力が弱く固い物がかめない子、飲み物と一緒でないと食べ物が喉を通らない子が出てきています。健康問題は、身体的な運動不足と食事のあり方を含めて、生活パターンを変えていく必要があります。

平成17年に制定された「食育基本法」には、その前文に「子どもたちが豊かな人間性をはぐくみ、生きる力を身に付けていくためには、何よりも「食」が重要であり、食育を、生きる上での基本であって、知育、徳育及び体育の基礎となるべきもの」と位置付けました。これを受けて、学校でも「食育」に力を入れてきていますが、子どもの健康や安全を守る責任と役割は一義的には親にあるため、家庭で楽しい食事をすることも含めて考えてほしいと思います。

「朝食の摂取状況」と「子どもたちの健康状態」（図32）を比較してみても、朝食を食べない子どもに健康的な問題があることが明らかになってきます。

2　夕食後の行動

引き続き「夕食後の行動」（図33）⑥については、「テレビやビデオを見る」が全体的に高いことがわかります。これも「家庭が楽しいか」と比較してもっとも差が現れたのが「家族で話などをする」でした。それは「家庭がとても楽しい」と答える子どもは、「家族で話などする」は56％ですが、「家庭は全然楽しくない」では、わずか9％にしかなりま

図32
朝食の摂取の有無 × 子どもの健康状態

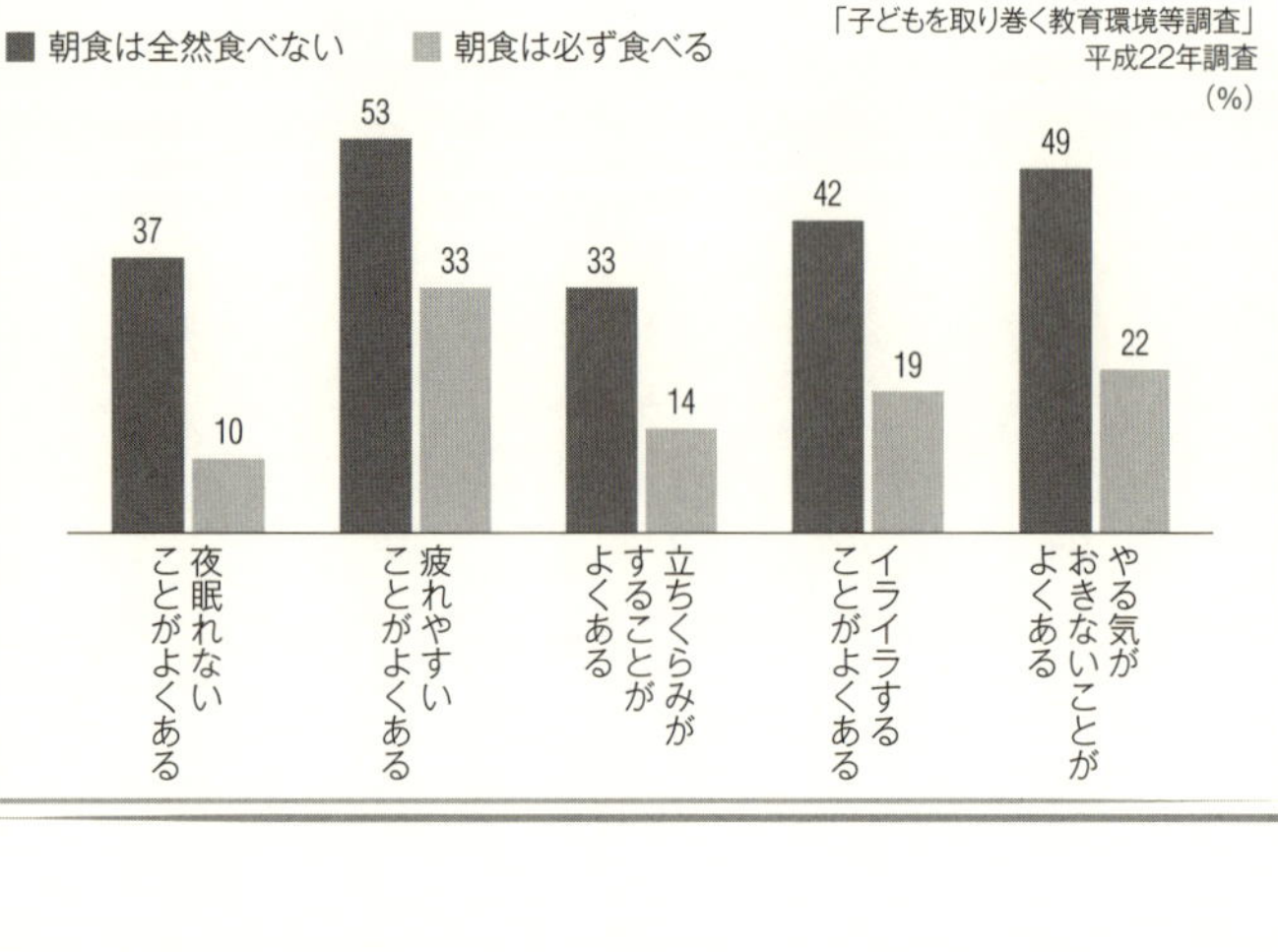

■ 朝食は全然食べない　■ 朝食は必ず食べる
「子どもを取り巻く教育環境等調査」
平成22年調査
（%）
37
10
53
33
33
14
42
19
49
22
夜眠れないことがよくある
疲れやすいことがよくある
立ちくらみがすることがよくある
イライラすることがよくある
やる気がおきないことがよくある

せん。特に「家庭が楽しくない」と答える子どもに、「パソコンやメールをする」「ゲームをする」などが高く、夕食後は家族から離れて自分一人の空間に逃げこんでいる様子がうかがえます。

3 『食』は人間関係の基本

子どもたちの中には、「食事は家族そろって食べることが少ないのでつまらない」「コンビニで買ってきた物がテーブルの上に載せられるだけ。美味しくないし飽きた」「朝、起きるのが遅く、朝食は食べないことが多

図33　家庭は楽しいか × 夕食後の子どもたちの行動

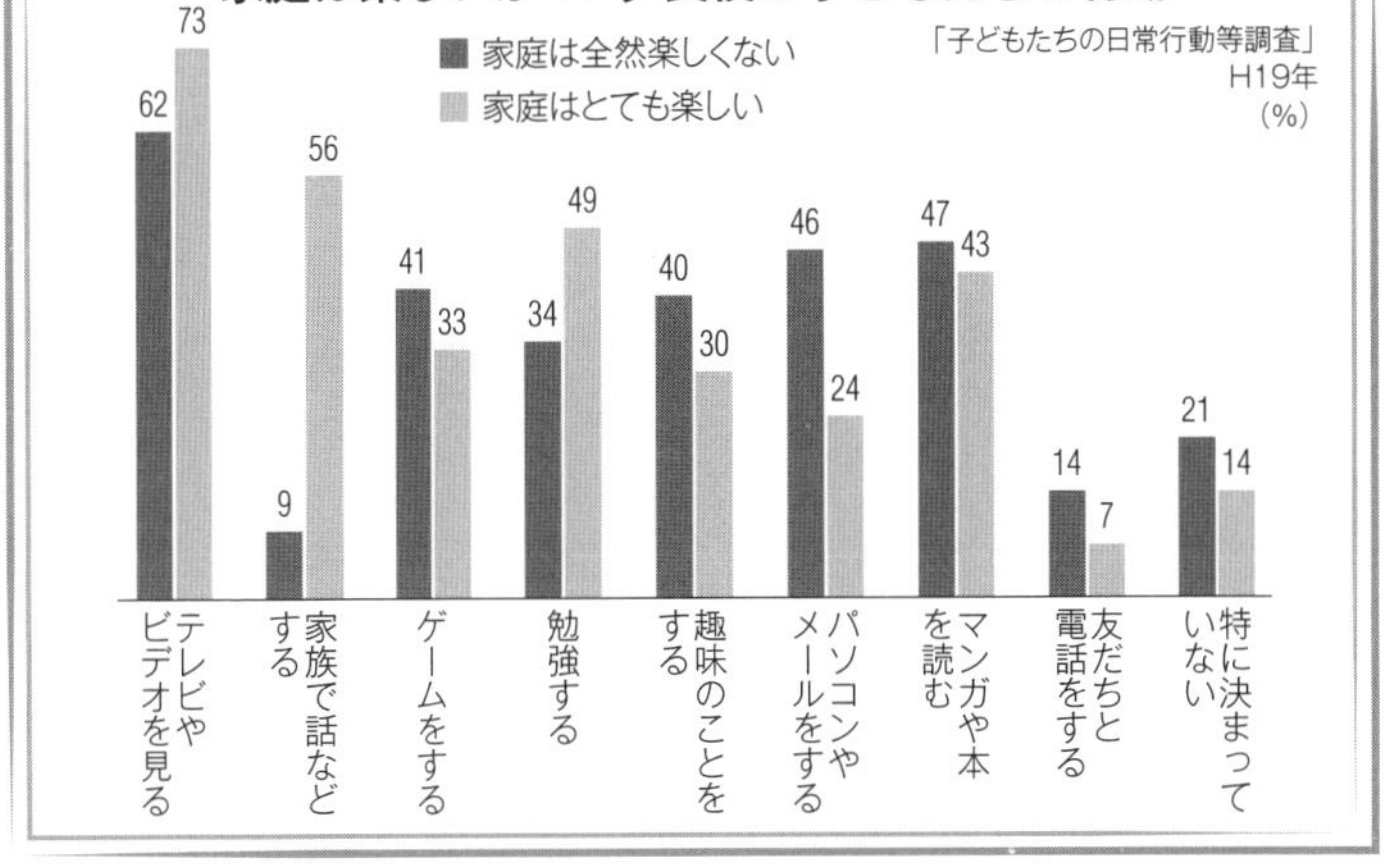
家庭は全然楽しくない
家庭はとても楽しい
「子どもたちの日常行動等調査」
H19年
（%）
62
73
9
56
41
33
34
49
40
30
46
24
47
43
14
7
21
14
テレビやビデオを見る
家族で話などする
ゲームをする
勉強する
趣味のことをする
パソコンやメールをする
マンガや本を読む
友だちと電話をする
特に決まっていない

い」などと答える子が相当数います。

最近、健康管理の面から、人々の「食」への関心が高まってきていることは結構なことですが、この中に「子どもの食事と健康」のことが含まれているのでしょうか。

かつて勤務していた国立少年自然の家でのことです。ある中学校が帰る日、「帰りたくない。ここに残りたい」と、3人の男子生徒が、玄関にある身体障害者用の手摺りに紐で体を巻き付けているところに出くわしました。先生の了解を得て事務室に連れて行き、「先ほど帰りたくないと言っていたけどどうしてそう思ったのか話してくれない？」と聞いてみました。すると、「おじさんたちのやっている仕事を見て、あれなら僕たちでもできると思った。残飯でいいから食べさせてくれれば、ここで働きたい。僕たちを雇ってください」と言うのです。

彼らは3人とも、「最近、温かい夕食を食べたことも、家族と一緒に食事をしたこともない」と言います。「家に帰れば、近くの食堂から運ばれた食事が玄関先に置いてあるだけ。冷えているし、一人で食べても美味しくない。それと、親は夜遅いため、朝起きてこないので、朝食も一緒に食べたことはほとんどない。ここの温かい食事は美味しかったし、活動も楽しかった。だからここで働きたい」と、涙ながらに語っていました。

　子どもたちの平日の食事の摂取状況[6]では、朝食を食べない子が6％います。また、夕食は、「全然食べない＋食べないことが多い」1％、「だいたい食べる」11％、「必ず食べる」88％と答え、朝食や夕食を食べない子どももわずかながらいる現状です。

　そして「一週間に一人で食べる夕食の回数」（図34）をみると、全体の71％が「ほとんどない」と答え、多くの子は家族と食事を共にしているのですが、「1回」9％、「2・3回」11％、「4・5回」3％、「ほとんど毎日」7％と、約1割の子が夕食を一人

図34　**家庭は楽しいか × 1週間に一人で食べる夕食の回数**

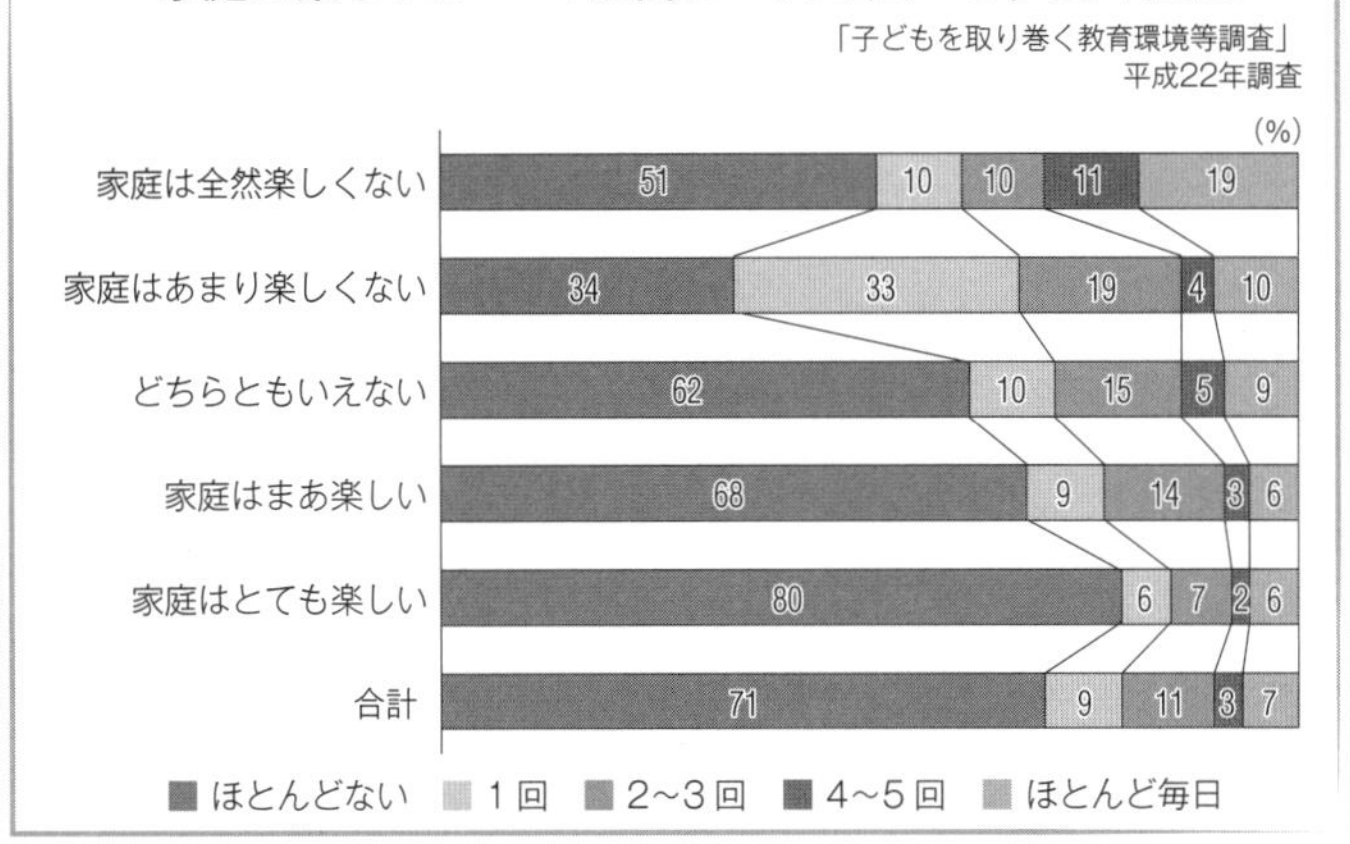
「子どもを取り巻く教育環境等調査」
平成22年調査
(%)
家庭は全然楽しくない 51 10 10 11 19
家庭はあまり楽しくない 34 33 19 4 10
どちらともいえない 62 10 15 5 9
家庭はまあ楽しい 68 9 14 3 6
家庭はとても楽しい 80 6 7 2 6
合計 71 9 11 3 7
ほとんどない
1回
2〜3回
4〜5回
ほとんど毎日

で「4・5回以上」食べていることが明らかになってきましたし、「夕食の回数」と「家庭が楽しいか」との因果関係がここでも浮かび上がってきます。

4 『食』の大切さを思いやろう

「食」は健康維持のみならず、家庭の楽しさや家族の夕食後の団らんとの関連性などから、人間関係の基本であることが理解できたと思います。そして、家庭の手作りの食事は、口には出さないまでも子どもたちの心のどこかに親の愛情を感じているはずですし、楽しく食べる食事は会話も弾み、心身を癒やし、良き親子関係をつくるためにとても重要です。

好きな人とは一緒に食事をしたいと願うものですし、彼氏や彼女と食事を共にしないいま結婚した人は、ほとんどいないでしょう。諸外国の要人との会議において、もし会食や宴会の場が持たれなかったとしたら、〝自分は歓迎されていないんだ!〟と思われますし、交渉は決してうまくいかないでしょう。また、友人宅に招待されて、心のこもった手作りの食事をいただくのと、近くの店屋物で済まされるのとでは大きな違いを感じるはずです。

学校生活にも影響を及ぼしますので、子どもの食事を安易に考えてはいけません。

7章　地域との連携が子どもたちを変える
—今問われるPTAのあり方と、学校支援地域推進事業の展開—

1　PTAに期待すること

(1) PTAの設立の背景とその目的

PTAは、第二次世界大戦後の昭和21年、アメリカの推奨によって母国の「父母と教師の会」をモデルとして作られました。その時の設置目的には、「教育といふことは、言うまでもなく学校のみに限られたことではない。家庭、隣組その他の社会的機構は、教育において果たすべき夫々の役割を持っている。新しい日本の教育は、有意義な知識をうるためにできるだけ多くの資源と方法を開拓するよう努むるべきである」として、学校に「先生と父母の会」の設置を求めたのです。

これを受けて文部省社会教育審議会は、ＰＴＡの基本的な目的や性格などをまとめた「父母と先生の会のあり方について」（昭和42年6月報告）㉕を明らかにし、その中で、「父母と先生の会（ＰＴＡ）は、児童生徒の健全な成長をはかることを目的とし、親と教師とが協力して、学校および家庭における教育に関し、理解を深め、その教育の振興につとめ、さらに、児童生徒の校外における生活の指導、地域における教育環境の改善、充実をはかるため会員相互の学習その他必要な活動を行う団体である」と定め、ＰＴＡは、子どもたちの健やかな成長のために親と教師が協力し、連携を深め、お互いに学びあう団体としました。

そして、ＰＴＡの趣旨を「子ども達が正しく健やかに育って行くには、家庭と学校と社会とが、その教育の責任をわけあい、力を合わせて子ども達の幸福のために努力していくことが大切である」と明示しました。ＰＴＡの設立にあたっては、①児童生徒に限らず、子どもたちの問題に関心を持っている人々が参加することは差し支えないこと②完全に民主的な団体であるから、父母も、校長も、先生も、有力者も、平等の立場で会員として参加し、会の運営を民主的に進めていくことにするのがよいこと、などを求めたのです。

(2) PTAに対する人々の思い

このようにPTAは、親や教師が対等の立場に立って子どもを育てていくことの必要性や、子どもの問題に関心のある地域の人々の協力を求めて設立されました。しかし戦後70年が経過した今、教育環境や社会環境等の変化により、人々のPTA活動に対する思いも大きく変わってきています。最近では、役員の負担が大きいので役員になりたくない、総会の出席率が1・2割でその役を果たしていない、PTA活動についての意識が低い、学校のお手伝いをするだけで何ら教育的でない、などの理由からPTA不要論まで出てきています。

そこで、PTAに対する意見[26]を取り上げてみることにします。

①〝PTAは必要〟とする意見

・PTAは単なる学校のサポーターではなく、地域コミュニティーの基幹的な組織のひとつです。仮に学校をめぐる深刻な問題が生じたとき、保護者が責任と権能を持って向かい合えるだけの自主性・独立性も付与されており、学校の保護者会とは別物です。もちろん日々の活動のあり方の改善は必要不可欠ですがその部分にのみ拘泥した不要論は、市民の権利をみずから返上する危険な考えであると思います。（東京都　男　40代）

・教育環境改善のために声を上げる時、一保護者の声を取り上げてもらえないだろう。多数意見を集約する組織は必要だ。（神奈川県　女　50代）

・教員は数年ごとに代わり、校風の継続はＰＴＡ役員の担う部分が大きい。先生方とＰＴＡ執行部が尊敬しあえば学校の雰囲気は良くなり、子どもたちにも伝わる。（広島県　男　40代）

・自分の子どもを預けている『学校』という場所に対する関心の温度差が個人によってとても大きい。多くの親御さんに関心をもってもらいたいが、『入学式』と『卒業式』しか参加しない親御さんもいる。ＰＴＡがなくなったら、親御さんの学校運営への参加機会がなくなるし、教育は教員だけで行っていくものではない。子どもを預けている『家庭』、学校がある『地域』、『学校』の三者が力を合わせて、子どもを育てていくものではないか。（宮城県　男　50代）

②〝PTAは不要〟とする意見

・弱者にまで「平等」という鉄拳を振りかざし、PTA仕事を強要しなければならないとしたら、PTAは悪にしかなりません。（群馬県　女　40代）

・参加しなければ保護者の間でいじめが広がり、子どもの関係にまで波及していく。このような現状をなくすためには、解体が必要。（奈良県　女　40代）

・「一家庭一仕事」や「一児童一役員」など、役の強制があるから親同士ぎくしゃくする。立候補でしか役や仕事が割り振られなくすればいい。それで成り立たなくなるなら、なくなってもよい。（大阪府　女　40代）

・今のほぼ強制的なやり方である限り、絶対不要。各保護者が協力できる範囲で自主的に参加できるような制度になるべきだ。（大阪府　男　40代）

・積極的に活動に参加している人が周りに見当たらない。役員の擦り付け合いは見苦しい。学校の運動会のほかに地域ごとの運動会をする必要がどこにあるのか。余計な行事を廃止して家族との時間にまわしたほうが有意義である。（静岡県　女　30代）

・親たちのケンカやいがみ合いの元になっている。子どものためにイベントを企画したり、子どものために積極的に意見を言うと、役員を寄ってたかって押しつけられ、出来る範囲以上の事をさせ、精神的肉体的に追い詰める。その様子を見ていると、学校やＰＴＡ活動に参加するのが怖くなる。（福岡県　女　30代）

続けて、現在の「ＰＴＡ活動の問題点」[27]（図35）などを取り上げてみると、「やる気のある人が少ない」が最も多く27％、以下「やらなければならないことが多すぎる」「何をする組織か目的がよくわからない」などが挙がってきます。

さらに、「ＰＴＡ組織が必要かどうか」（表9）については、「必要である」が全体の65％、「必要ではない」がわずか4％です。この「必要である」の内訳を見ると、委員経験者は66％、委員未経験者は54％と答え、委員経験者にその比率が高いことがわかります。

ＰＴＡ委員経験者に「委員を引き受けて良かったこと」の問では、「学校の様子がわかった」37％、「知り合いが増えた」36％、「自分の成長につながった」15％、「子育ての役に立った」10％などのようになります。

一方、「委員を引き受けて困ったこと」は、「時間のやりくりが大変だった」54％、「人間関係が難しかった」18％、「自分の能力がついていかなかった」12％、「家族の理解が得られなかった」4％などです。

しかし、PTA委員未経験者への「今後、PTAの委員を引き受ける予定があるか」との問では、「引き受けてもいい」43％、「引き受けない」51％と過半数は否定的ですが、4割以上の人たちが委員になることに賛成の意を表しています。

図35

PTA活動の問題点

「PTAを活性化させるための調査」NPO教育支援協会
H21年

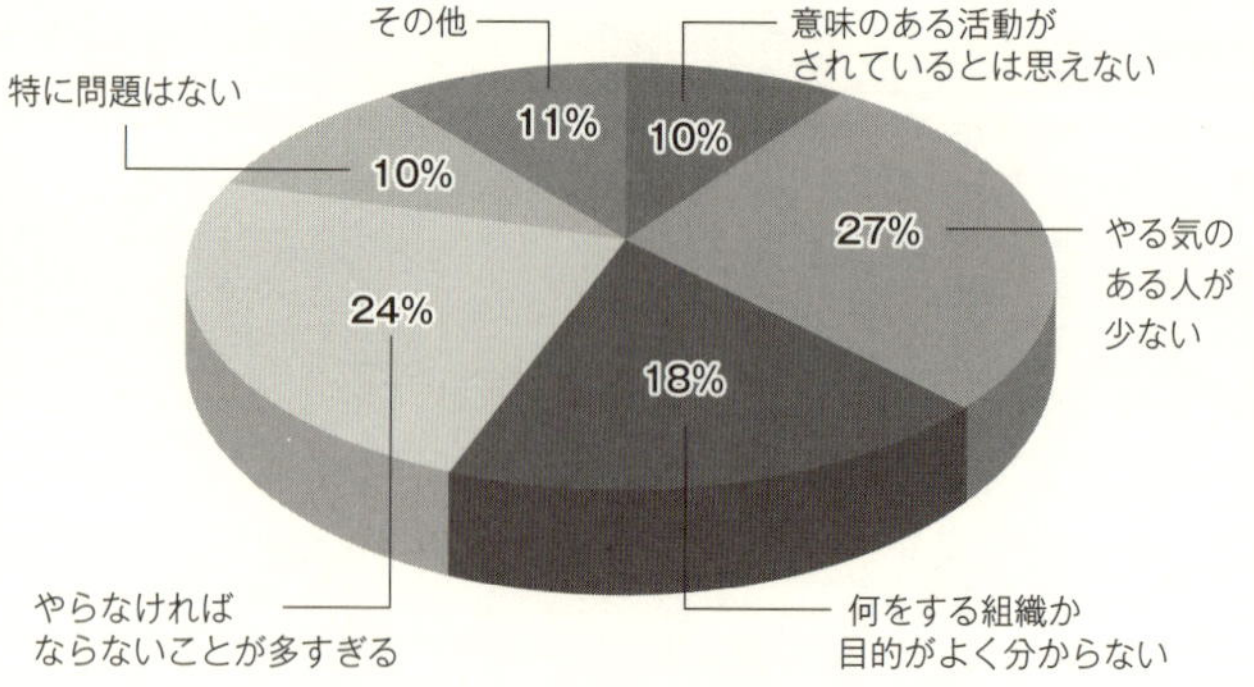
意味のある活動がされているとは思えない
10%
やる気のある人が少ない
27%
何をする組織か目的がよく分からない
18%
やらなければならないことが多すぎる
24%
特に問題はない
10%
その他
11%

この調査を見る限り、PTAの意義を多くの人が理解しているわけですから、この人たちの希望に添えるような運営を期待したいところです。

(3) PTAの仕事と活動の内容

PTA役員の主な仕事は、①学校との打ち合わせ②年間計画の作成③総会の開催④機関紙の発行⑤講演等の開催⑥運動会・校外スポーツ競技会のサポート⑦交通安全に関する事業⑧バザーなどの開催⑨地域との連携協働事業などを挙げることができます。ここに鳥取県PTAの具体的な活動内容[28]を取り上げてみましょう。

学習支援活動では、各教科の授業支援、総合的な学習への支援、コンピュータを使用する授業の支援、読書活動に関する支援、クラブ活動への支援などがあります。

表9

PTAが必要かどうか

(%)

	委員経験なし	1回	2～5回	6回以上	合　計
必要である	54	67	66	76	65
必要ではない	4	3	4	2	4
わからない	41	28	27	17	29
未回答	1	2	3	5	2

NPO法人教育支援協会（平成21年度調査）

小学校では「夏期休業後の学校環境整備」「生活科学習での引率」「低学年生活科の補助」「学校田や畑での農作業支援」「親子で学ぶ食の教室」「学校公開日の受付」などです。中学校では「職業体験支援」「学力向上に向けた支援」「生徒会活動支援」「進路学習支援（高校説明会の主催）」などがあります。

また、「特色あるＰＴＡ活動」として行われているものについて、小中学校別に表10に取り上げてみます。

（4）ＰＴＡの原点に戻ろう

ここに紹介した活動はほんの一部にすぎませんが、ＰＴＡはこのような素晴らしい教育活動を行っています。取り組む内容が多くて委員にかかる負担が重すぎないかと心配されますが、積極的に活動しているこのような親の姿を見れば、子どもたちには感謝の気持ちも生まれてきますし、近所の人たちとも顔なじみになれば、多くの刺激を受けることになるでしょう。

ただ、子どもの自立をどう考えるか、家庭や学校の役割と責任をどうするか、家庭、学

表10

特色あるPTA活動

	小学校	中学校
学級·学年に関する活動	親子活動（もちつき、奉仕活動、環境教室、キャンプ）。 学年ＰＴＡだよりの発行。 他学年との合同親子会。 おやじの会と連携の田植えなど。	親子活動（キャンプ、料理教室、ナイトウォーク、ウォークラリー等）。 氷ノ山登山。 学年懇談会。 体育祭·文化祭バザーなど。
生活習慣の定着に関する活動	あいさつ運動。 ラジオ体操。 早寝早起き朝ごはんの啓発活動。 ノーテレビデーへの取り組み。 生活リズム調査など。	講演会(基本的生活習慣について)。 朝食アンケート。 ノーテレビデーの実施。 夜のパトロール活動。 親子食育教育など。
メディアに関する活動	携帯電話やインターネットに関する講演会。 ノーテレビデー・ノーメディアデーの実施。 ゲーム時間やテレビの利用時間の制限など。	メディアに関する研修会。 サイバー犯罪に関する講演会。 ノーテレビデーの実施など。
安全に対する活動	登下校の安全パトロール。 防犯・交通安全研修会。 救命救急講習会。 土曜夜市の巡回。 ＰＴＡ危機管理マニュアルの作成など。	夜間パトロール。 あいさつ運動。 交通安全指導。 危険な箇所点検。 非行防止活動への参加土曜夜市の巡回など。
PTAOB 会員の活動	読み聞かせ。 芋煮会や納涼祭の開催。 資源回収の協力。 学校の環境整備。 登下校のパトロールなど。	文化祭ＰＴＡ合唱。 学校環境整備。 福祉施設との交流会。 グランドゴルフ大会など。
その他の活動	飼育小屋の整備。 学校田の管理。 手話教室・手話コーラス。 老人宅へのもち配り。 親子読書。 歯と口の健康づくり。 防犯の啓発。 社会福祉協議会との共催活動。 親子料理教室など。	アルミ缶収集。 文化祭の茶会運営支援。 親子料理教室。 伝統文化継承活動など。

＊「鳥取県PTA活動調査」から作成（平成18年度）

校、地域を含めた教育の推進をどうするかなど、先生たちと一緒に考えるべき質的な内容が少ないように思います。社会教育行政担当者などを加えて、総合的な視点からPTA活動に取り組んでほしいと思います。ここにPTAの原点があるのではないでしょうか。

私は「学校は、学びの故郷である」と考えます。「故郷とは、生まれ育ったところであり、少年時代の思い出の詰まったところ。恩師や共に過ごした仲間がいて、温かく迎え入れてくれるところであり、自然環境、言葉や文化などの共通の土壌のもとに育まれてきたところ」と言うことができるでしょう。ですから、校舎が新しくなっても、教わった先生方がおられなくても、帰郷したら必ず立ち寄りたいところです。だから「母校」と言えるのではないでしょうか。

学校の周辺には当該校の卒業生がたくさん暮らしていますし、多くの人は学校に何らかの協力や恩返しをしたいと思っているはずです。だとしたら、学校はこのようなOBやOGの人たちをもっと大事にするとともに、温かく迎え入れる姿勢を持つことが必要ではないでしょうか。彼らの経験や知恵を提供してもらわない手はありません。地域と結びつきの強い学校は子どもたちに活力を与えますし、子どもたちと触れあうことによって地域の人々もまた、喜びや生きがいを感じることにつながります。

ＰＴＡ委員のほとんどの人が任期一年で辞めていきます。このため、前任者が決めたものをただ行うだけとなって、継続性、やる気や感動の気持ちは生まれにくい状況にあります。もし自分たちが計画した活動であれば、活動は楽しく、気持ちも前向きになって活力も湧いてきます。そこに地域の多くの人たちが加わることになれば、家庭や学校に新風が吹き込みますし、地域の人たちとの人間関係は深まり、様々な知恵や文化の伝承にもつながります。子育て経験者に相談にのってもらえる機会も増え、子どもたちの安全確保の力強い味方にもなります。

今、子どもたちを取り巻く教育的な課題や問題点を洗い出し、本気になって真正面から取り組むことができるのはＰＴＡだけと言っても過言ではありません。両者が一体的に取り組めば、問題解決の具体的な方向性や解決策が見えてくるはずです。

図36にあるように、「ＰＴＡがより活性化するための取り組み」としては、「もっと気楽に参加できるような組織にする」「どんな活動が必要なのかを見直す」などの希望があります。また「どのようなＰＴＡなら積極的に参加したいか」（図37）では、「子どもの

ための活動が中心となるＰＴＡ活動」「今よりも自由で柔軟な活動ができるＰＴＡ」「保護者の要望を学校や行政に伝えることができるＰＴＡ」などを挙げているので、このような要望に積極的に応える努力が求められます。

子どもたちの問題は、もはや家庭や学校だけで解決していくことは困難です。どうしても他人の力が必要です。地域の人たちの協力を得ながら、親と教師が本気になって取り組むことのできるＰＴＡになるよう切に願いたいものです。

そのためには、役員の任期を複数年にすること、子どもたちに地域での職業体験・農業体験などの本物体験の場と機会を提供するこ

図36
ＰＴＡが活発化するための取り組みは
「PTAを活性化させるための調査」NPO教育支援協会
H21年

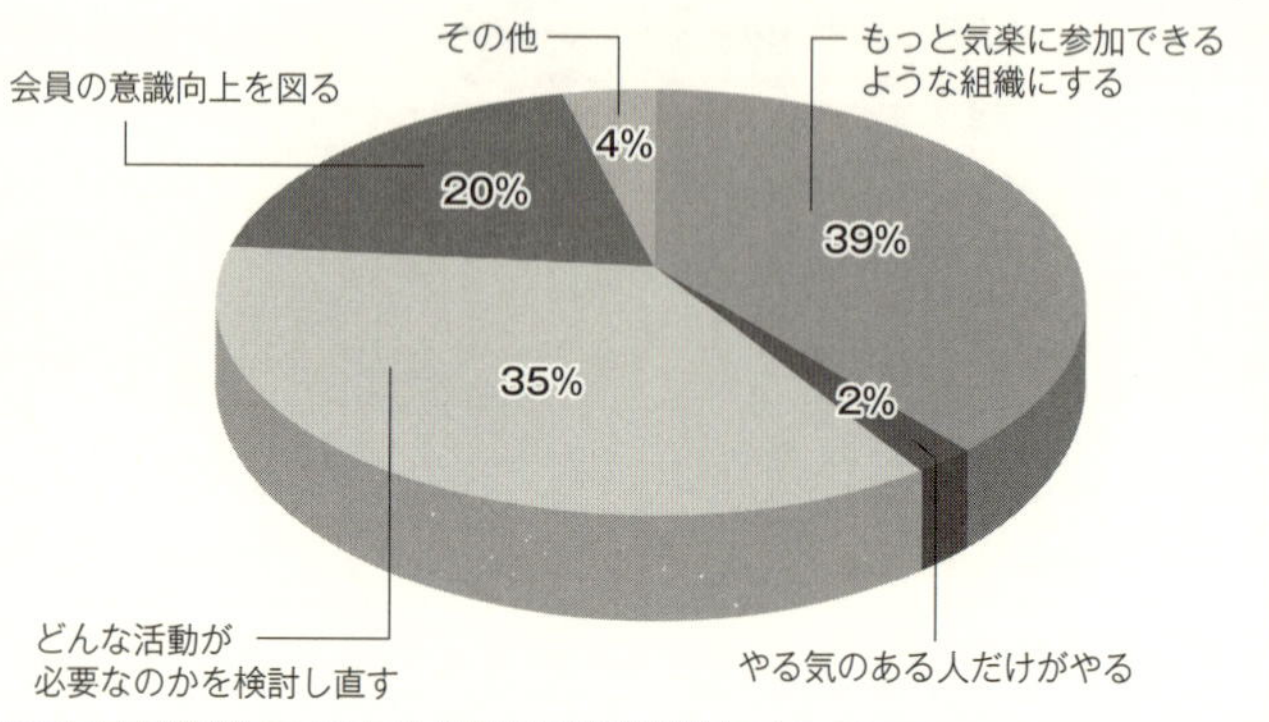
その他
4%
もっと気楽に参加できる
ような組織にする
39%
会員の意識向上を図る
20%
35%
2%
どんな活動が
必要なのかを検討し直す
やる気のある人だけがやる

と、教師と保護者の関係づくりに努めながら地域の人たちの協力を仰ぐこと、「母校」のOBやOGに協力を求めること、などが必要となります。ただ、家庭には人に触れられては困ることがありますので、お互いが無理強いをしないことが大切ですし、PTA不要論者の意見にも真摯に耳を傾けることを忘れてはなりません。

図37

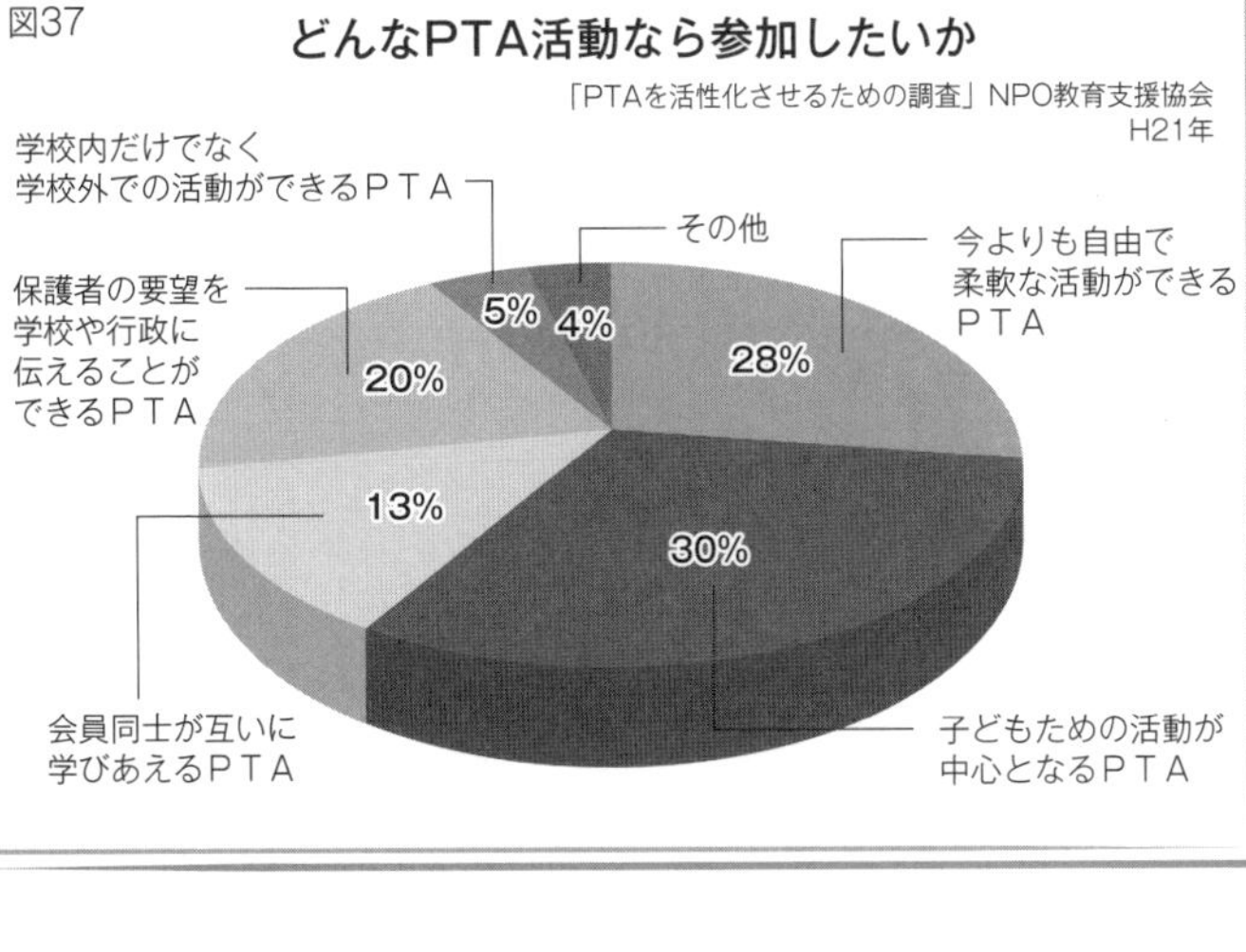
どんなPTA活動なら参加したいか
「PTAを活性化させるための調査」NPO教育支援協会
H21年
今よりも自由で
柔軟な活動ができる
PTA
28%
子どもための活動が
中心となるPTA
30%
会員同士が互いに
学びあえるPTA
13%
保護者の要望を
学校や行政に
伝えることが
できるPTA
20%
学校内だけでなく
学校外での活動ができるPTA
5%
その他
4%

2　地域ぐるみで子どもを育てよう

（1）学校支援地域推進事業とその展開

これからの学校運営には、地域社会の協力をいかに取り入れるかがとても重要な視点です。その意味から、年齢を問わず「地域」を意図して中学校区を軸に展開されている「学校支援地域推進事業」には、大きな期待が寄せられています。この事業は『学校・家庭・地域が一体となって、地域ぐるみで子どもを育てる体制を整えること』を目的に、平成20年度から文部科学省によって開始されたものです。

教育の3領域である「家庭教育」「学校教育」「社会教育」のバランスを考えた協力体制づくりが大切になってくることは言うまでもありませんが、別の言い方をすれば、「地域社会の中に家庭があり、学校があり、企業がある」との視点から捉える必要があると考えます。近江商人の〝売り手と買い手がともに満足し、社会貢献もできるのがよい商売である〟との「売り手良し」「買い手良し」「世間良し」のいわゆる「三方よし」の精神は、学校運営にも通じるように思います。ここに、千葉県船橋市で行われている「三山中学校区学校支援地域本部事業」を紹介します。

三山中学校区学校支援地域本部事業

船橋市では、三山中学校区において、民生児童委員協議会会長、船橋市教育長、教育次長、三山中学校長、三山小学校長、三山東小学校長や各校のコーディネーターの参加を得て平成21年度からスタートしました。二回・三回と会合を重ねるごとに、各校のボランティア代表やＰＴＡ代表も参加するようになり、月一回の定例会も会場が各校の持ち回りになるなど、徐々に三校への地域の協力体制が整えられていき、翌年度からは、早くも次のような効果が表れ始めました。

①情報の共有

一つ目は、情報の共有ができるようになったことです。毎月開かれる定例会では、運動会やバザーなどの学校行事への協力、季節ごとの花があふれる花壇の整備、読み聞かせやそろばんなどの学習指導、スクールガードによる子どもたちの見守り、地域ボランティア活動、学校・PTA活動の状況などが報告されるようになりました。またこれらの情報を、広報紙『三山のちから』『ボランティア通信』として三校の教職員、児童・生徒の保護者、ボランティア団体、地域自治体などに配布することで、地域全体で学校やボランティアの情報が共有できるようになりました。

②広い交流が生まれる

二つ目は、立場の違いや学校の枠を超えた交流に発展していったことです。PTAの要望に応えて、ボランティアの人たちが子どもたち用の片付け棚を作製したり、一括購入して花の種や苗を三校で分け合ったり、花壇一斉植え付けや全校除草の際には、各校ボランティアが駆けつけたりと、三校のPTAやボランティアの近所付き合いが始まりました。

本の読み聞かせ

また、千葉県内で地域住民の声を学校運営に活かそうと開催されている「一千か所ミニ集会」（年一回）では、三校合同ボランティア・地域住民・教職員・保護者が入り混じって行われるグループディスカッションを通して、地域・学校・保護者の活発な交流が深まりました。

③学校と地域の関わりが密になる

三つ目は、学校と地域との関わりが強くなってきたことです。学校の外回り清掃中の生徒に箒の使い方を教えてくれる人、学校外での子どもたちの善行を学校に知らせてくれる人、学校に花の苗やバザーの品を提供してくれる人など、学校や子どもたちにそれとなく気配りをしてくれる地域の人たちが増えてきました。

また、平成22年から始まった『クリーン船橋ゴミゼロデイ』『船橋をきれいにする日』には、毎回２００名前後の生徒・教職員が参加するよう

みんなで子どもを守らなければ

になり、スクールガードの活動にも、「通学路でのあいさつが地域全体の安全につながっている」との声も挙がってきています。あるボランティアの男性は、「春から医学部進学のため引っ越します。私のように大きくなった者にも毎朝あいさつしてくださってありがとうございました」と、女子高校生の一人が手を握って御礼を言ってくれたことをとても喜んでいました。

ＰＴＡ活動は、主として我が子が通学している学校内の狭い範囲で行われますが、この学校支援総合推進事業は中学校区の活動が原則のため、近隣の複数の小学校も参加してきます。そのため、活動範囲はヨコに広がり、学年を超えたタテの異年齢交流も深まってきます。「船橋をきれいにする日」には、今では３００人近くが参加するようになり、地域の安全や地域の活性化にもつながってきています。この事業の意図が理解され、今では市内の６中学校区に広がってきました。

キレイになると気持ちいいね

この事業を始めてまだ日が浅いため、市の隅々にまで至っていませんが、市民の協力を得ながら、家庭や学校によい影響が出てくることが期待されています。

(2)「おやじの会」の誕生と活動の状況

家庭と学校との連絡は、これまでは母親が主に行ってきましたが、ある事件をきっかけに、父親や学校のOBが中心となって、学校と協力しながら子どもたちの問題に取り組む「おやじの会」が立ち上がりました。そのきっかけは、1986年2月に起きた東京都中野区立中学2年生の男子生徒の自殺でした。遺書には、「俺だってまだ死にたくない。だけどこのままじゃ『生きジゴク』になっちゃうよ。ただ俺が死んだからって他のヤツが犠牲になったんじゃ意味がないじゃないか。だから、君達もバカなことをするのはやめてくれ。最後のお願いだ」と書かれていたのです。

その後、教室内の机の上には写真や花が飾られ、線香をあげるなどの級友による「葬式ごっこ」が行われていたことが明らかになりました。そして「さようなら○○君」と書かれた色紙には、同級生らの名前やメッセージとともに、あろうことか担任ら4人の教師の署名もあったのです。

この事件以降、「学校を廃校にしろ」などの抗議や批判が殺到しましたが、当時のPTA会長らは「学校は地域の核であり、学校をぜひ守りたい。この際父親が立ち上がるべきだ」と周りに呼びかけて誕生したのです。

この会では、都内を一晩中歩き続けるナイトウォーク、もちつき大会、グリーンウォークなど、生徒との交流をできるだけ多く持つように努力した結果、先生、親、生徒との距離が縮まり、生徒の名前と顔がわかるようになるにつれて学校は静けさを取り戻していきました。

2004年6月、当時の東京都副知事竹花豊氏の音頭により、警視庁と協力して「おやじの会」のネットワーク組織「おやじ日本」[29]が結成されました。設立の契機となったのが、2003年10月に出された東京都の「子どもを犯罪に巻き込まない緊急提言」でした。その背景には、登下校時の誘拐事件、出会い系サイトによる少女監禁事件など、全国の子どもたちが巻き込まれる数々の事件があったからです。このような事件から子どもを守るためには、多くのおやじや大人が関わり、緊急提言を実行していくことが必要だとして設立されたのです。今ではＮＰＯ法人「おやじ日本」として、全国にある「おやじの会」の活動支援に取り組んでいます。

この組織の主な活動は、父親の学ぶ機会の提供、おやじ達の資質の向上、ネットワーク化を目的とした「全国大会」の開催のほか、子どもが安全で安心して使える環境を整えるための「ｉＳ運動（インターネットセーフティー運動）」、子どもの登校時間（朝８時）や下校時間（夕方３時）に、買い物や散歩、草花への水やりなどの外での用事を行い、子どもたちの姿を自然と大人の目に入るようにして、子どもたちを見守る「83（ハチサン）運動」などが行われています。

「ｉＳ運動」では、①ｉＳ運動の象徴となるロゴやツールの提供で、ポスター、カンバッチ、シールなどの制作・提供②全国各地にあるおやじの会や、子どもの問題に関係する団体への呼び掛けで、ＰＴＡ全国協議会、全国高等学校ＰＴＡ連合会、日本青年会議所、全国少年警察ボランティア協会などと連携した活動③「おやじ日本」として、各地で開催されるフォーラム等へのパネラーの派遣④携帯・インターネット問題に関する情報の提供⑤携帯電話やインターネット問題に関する専門家の紹介・派遣などが行われています。

最近では、日本チェーンストア協会との協働で、全国にある12，000店以上のコンビニエンス・ストアで「83（ハチサン）運動」が展開されています。

今後の方向性としては、学校と企業との連携強化が計画されています。それは、社会環境や労働環境の変化、グローバル化の進展などから教育課題は絶えず変化していることから、企業の豊かな知識や経験を教育現場に導入することによって学校自体の変化を期待すること、「子どもたちには、社会人・職業人になっても、たくましく、はつらつと、自分らしく生き抜いてほしい」などの願いからです。

地域社会全体で子どもを育てようとする気運は高まり、今では全国に、およそ4，000もの「おやじの会」があると言われています。「縁の推進運動」「地区別運動会」「地域の祭り」「夏休み親子工作教室」「子どもの見守り隊」「ソフトボール大会」「運動会」「除草活動」などが、PTA、学校、青少年団体、福祉団体などと協力のもとにそれぞれの地域に見合った活動が展開されています。

横浜市の調査[30]によれば、「おやじの会」に参加したきっかけは「学校からすすめられて」34％、「自分から進んで」27％、「知人に進められて」20％、「家族にすすめられて」11%などとなっています。また、主な活動としては、「学校支援活動」31%、「子どもとの活動」28%、「父親同士の交流」21%、「地域と連携した活動」14%などと答え、地域に認められつつあることが感じられますし、「会に参加して子育てに関する気持ちに変化があった」と答えた者が約3割いることも明らかになっています。

普段、学校や地域に目が向かない父親が、このような活動に参加することによって新しいうねりが起こることを願うとともに、父親が地域活動に積極的に関わっていくことを期待したいところです。このような父親の姿を子どもたちはじっと見ていますし、父親との関係も今までよりもずっと良くなっていくはずです。

8章　教育はどうあるべきか

1　子どもたちの本音

(1)子どもたちは語る

子どもたちは、大人への不満や不信をよく口にすることから、子どもたちの本音を大人に向かって発信してもらおうと、これまで、小中学生による「子どもフォーラム」を実施してきました。パネラーには、学級委員長のような子どもだけが推薦されないように教育委員会にお願いして、自ら参加したいと手を挙げる子、クラスから推薦される子、特技を持っている子、地域活動に参加している子など、幅広く参加を求めてきました。

開会にあたって、「今日の子どもたちの発言に対して、『何であんなバカなことを言ったの、ああいうことを言ったらダメじゃない！』などと注意したり叱ったりしないでほしい」と、会場のみなさんには厳にお願いしました。もしそのようなことになれば、子どもたちは「大人には何を言ってもダメだ！」と口を固く閉ざしてしまいますし、大人を信用しなくなることを恐れたからです。

「家に帰るとすぐさま『勉強しなさい』と母親から言われる」という小学生の女の子は、「少し落ちついてから勉強しようと自分でも思っているのに、そう言われると途端にやる気がなくなってしまい、ランドセルを玄関先に投げ出したまま、友だちの家に遊びに行く」と言っていました。それに対し、「〇〇ちゃん！　お母さんはあなたのためを思ってそう言っているのよ。もし、仲良しの友だちが大学に行き、あなたが高校までしか行かなかったとしましょう。大きくなってきっとあなたは後悔することになるのよ」と会場のある女性が反論したのですが、その言が終わるやいなやサッと手を挙げ、「私の人生は私が決めたいのです。人がどうこうしなさいと言うものではないと思います」と言い返しました。

中学生の男の子も、「ママは、毎日決まったように勉強しろとうるさく言う。勉強が大切なことはわかるけど、あまりうるさいので『じゃあ、ママの子ども時代の通知表を見せろ』と言い返した」と言います。そして、「『お前は自分の将来をどのように考えているのか』など聞かれたことはこれまで一度もない。突然にそう言われても何と答えていいかわからないけど、そのようなことを聞かれたらきっと嬉しいと思う」ということも付け加えていました。

また、小学生の男の子は、「歩きタバコやポイ捨ては止めてほしい。シガレットケースの吸い殻を、走りながら車の窓から捨てている人もいる。ああいう人は大人ではないし、あんな大人がいるのが恥ずかしい」とも語ります。

中学生の男の子からは、「先生の中には、成績のいい子にはあいさつをしてくれるが、そうでない子などには無視同然の態度をとる。あのような先生は教師とは言えない」などの発言もありました。

そこで「将来大きくなったら両親のようになりたいか」と質問したところ、何人かは「なりたくない」と答えました。その理由としては、「親は、言っていることがその時々によって違う。機嫌が良いときと悪いときとでは全く逆のことになることがある。そんな親が嫌いだ」などと語ります。

また、「今、大人に言いたいことは」との質問には、「社会では、必要なことや大切なことがたくさんあると思う。自分たちは分からないし、できないこともたくさんあるので、大人はもっといろんなことを教えるべきだ」とも。極めつきは「大人になる前に、道徳的な試験をやったらいいと思う。合格点に達したら、『あなたは大人になる試験にパスしたから、結婚してもよろしいし、社会人になってもよろしい』。そんなテストを……」と、厳しい意見まで飛び出しました。

子どもたちは本当によくしゃべり、2時間の予定はあっという間に終わりました。親や大人から「こうしなさい。それはダメだ」などと一方的に指示されること、子どもの声に耳を傾けてくれる姿勢が親や大人にみられないこと、子どもたちが大人を信用していないと思えること、などがフォーラムから浮かび上がってきました。

フォーラム終了後、「今日は、本当によく話してくれたね。今はどんな気持ち？」と尋ねてみたら、「今日ほどスカッとした日はこれまでなかった」と、全員からほぼ同様の言葉が返ってきました。そして「言いたいことがもっとたくさんあったけど、緊張して話せなかった。今度はもっと話したいので、またこのような機会を作ってほしい」と付け加えていました。普段、子どもたちがいかに虐げられているかが、わかろうというものです。

(2)〝大人になりたくない〟子どもたち

子どもから大学生までの多くが、「卒業したくない」「働きたくない」と、よく口にします。社会経験も少なく、苦労もなく、楽な生活環境で育ってきた若者たちからすれば当然のことなのかもしれません。〝嫌なことはしたくない〟〝苦しいことはやりたくないし、できるだけ避けたい〟というのが本音のようですが、会社に入って〝他人とどのように関わったらよいのか〟〝社会人としてどのように振る舞ったらよいのか〟〝善悪の区別がよく分からない〟などの不安も背景にあるようです。

そこで、子どもたちは将来のことをどのように考えているのかを探ってみました。

まず「早く大人になりたいか」⑭と質問してみると、「なりたい」が平成12年27%、平成16年22%、平成19年26%と大きな変化はなく、4人に1人しか肯定的な回答をしていません。一方、「なりたくない」も4人に1人近くいることも明らかになりましたが、問題なのは「どちらともいえない」の中間層が半数いることです。彼らは、自己判断ができないのか、それとも大人社会がどんなものか知り得る十分な情報を持っていないためなのかよくわかりませんが、いずれにしてもこの数値の多さには驚きます。

また「親離れしているか」と質問してみると、「している」23％、「していない」23％と答えますが、驚いたことに「よくわからない」が54％と、ここでも過半数に達します。

続けて「大人になりたくない」理由（図38）ですが、「子どもでいる方が楽だから」6割、「大人になることが不安」が3割もいるのです。私たちが造り上げてきた〝豊かで便利な社会〟が、もし〝働かなくても飯が食える社会〟と言い換えることができるとすれ

図38

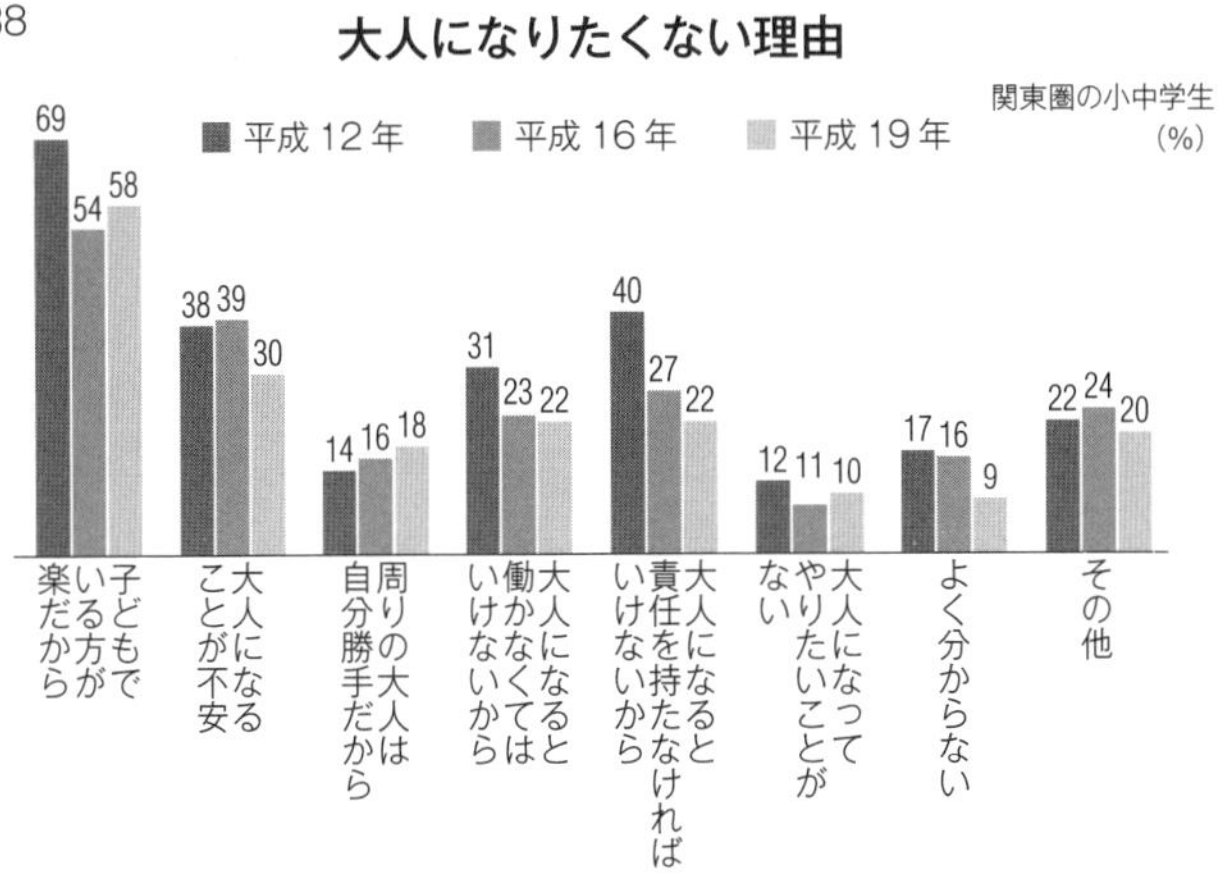
大人になりたくない理由
関東圏の小中学生
(%)
平成12年
平成16年
平成19年
69
54
58
38
39
30
14
16
18
31
23
22
40
27
22
12
11
10
17
16
9
22
24
20
子どもでいる方が楽だから
大人になることが不安
周りの大人は自分勝手だから
大人になると働かなくてはいけないから
大人になると責任を持たなければいけないから
大人になってやりたいことがない
よく分からない
その他

ば、〝若者たちよ！　働きなさい〟というのが無理な要求なのかもしれません。

2「教育」はどう変わるべきか

(1) タテとヨコの教育の領域

人は、生まれてから家庭、学校、地域社会においてさまざまな経験や体験を通して生きる力を習得していかなければなりません。特にこれからの時代は、情報化、国際化、環境・エネルギーなどの問題が重くのしかかってきますし、国の内外にいようといまいと、世界的な視野からの決断力、実行力、創造性、協調性などが求められます。その時「大学で何を勉強してきたか」と問われることはあっても、「どこの大学を出たか」と聞かれることはほとんどないでしょう。それよりも「責任感」「ユーモア」「信頼性」などの人間性が求められてくることは明らかです。

今、子どもを取り巻く多くの問題は、もはや一教育行政や一学校だけで解決できるものではありませんので、他行政や専門機関などの協力を得ながら、総合的な視点から取り組んでいく必要があります。そして私たち自身も、これからの長い人生を生きていくためには、生活や教育の中心軸を地域に置き、一生にわたって地域社会とのつながりを持つように心がける必要があります。

そこで、今後の教育を考えるにあたって、「人生を視野に入れたタテの領域」と、「日常の生活上のヨコの領域」の二つの視点から取り上げてみます。

(2) 教育の垂直的な領域

①家庭教育の位置づけ

まず、人生の基盤づくりとして重要な役割を持つ「家庭教育」から見ていきましょう。この領域は〝家庭という場において、親が子どもに対して行う私的な教育〟ですから、「お宅の家庭教育はなっておらん」などと、だれも口を挟むことはできません。ここでは、子どもの情緒的な発達、コミュニケーション能力、善悪の区別などの基本的な生活能力を習得させて社会に送り出してやる責任を、親は負っているのです。そのためには、社会的な責任を視野に入れた子育てでなければなりません。〝わが子だけ良ければ、他人は一切関係ない〟と言うわけにはいかないのです。

「家庭教育Ⅰ」（図39）は、0歳から18歳ぐらいまでの、幼児期、児童期、青年期の、高校を卒業して親離れしていく時期までを指しています。なぜなら、民法では親の了解があれば、男性は18歳、女性は16歳で結婚することができ、結婚すれば社会人と見なされるからです。「発達課題」で取り上げたように、特に、幼児期、児童期の教育が重要になってきます。

次の「家庭教育Ⅱ」は、自分が親となって子育てをする時期になりますが、平成26年の初婚年齢は、男性31.1歳、女性29.4歳で、第一子の誕生が母親30.6歳となっています。そして合計特殊出生率が1.42ですから、親が50歳ぐらいになると子どもは独立して家から出て行くことになります。

その後の30年は夫婦2人だけの生活となりますが、今ここで深刻な問題になっているのが、「主人在宅ストレス症候群」[31]という病気が主婦に増えていることです。特に退職後、生活力を持たず、企業内だけに人脈や自分の居場所を築いてきた夫が何処に出かけること

図39

教育の垂直的領域

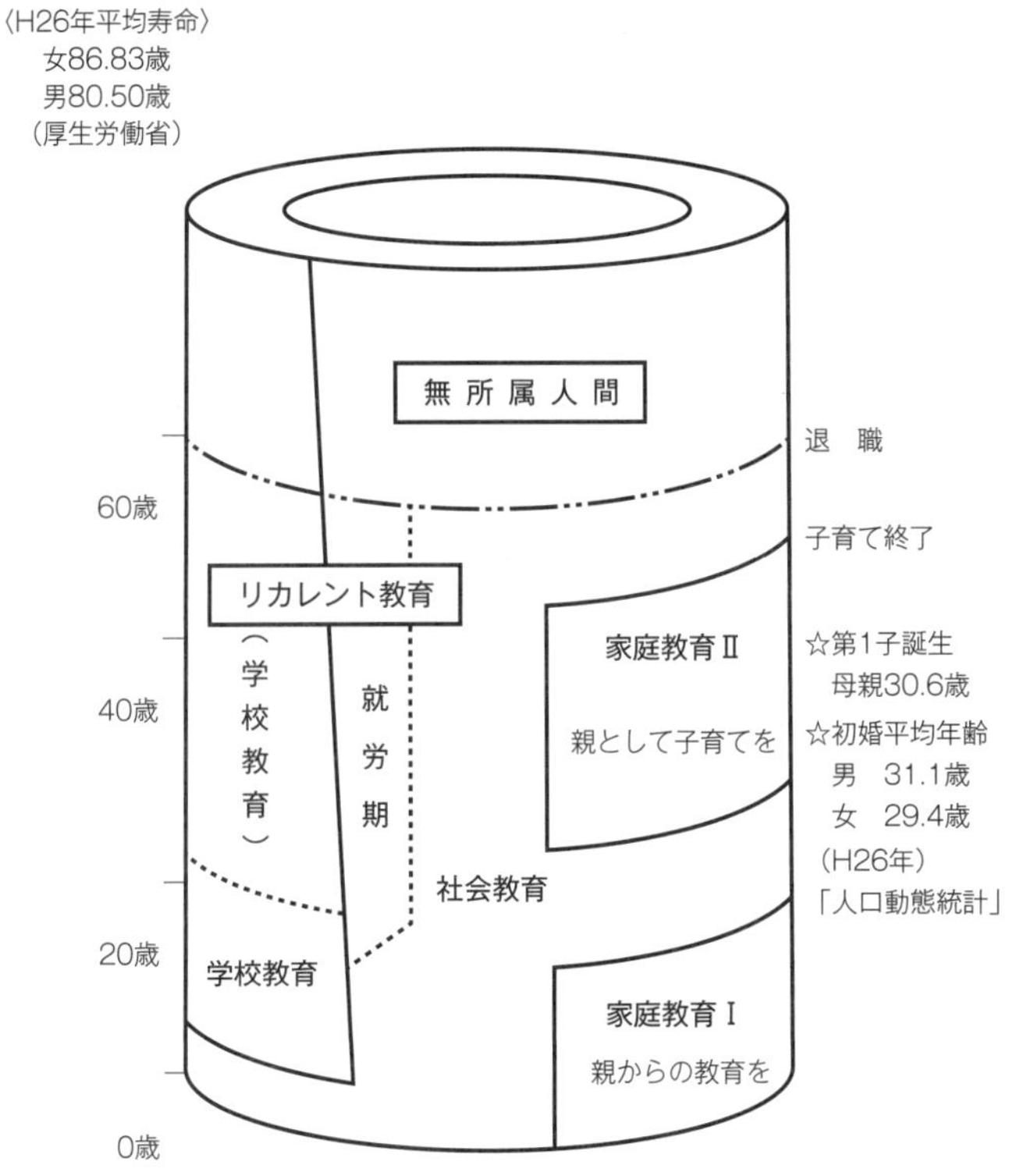
〈H26年平均寿命〉
女86.83歳
男80.50歳
（厚生労働省）
無所属人間
退　職
60歳
子育て終了
リカレント教育
（学校教育）
就労期
家庭教育Ⅱ
親として子育てを
☆第1子誕生
母親30.6歳
40歳
☆初婚平均年齢
男　31.1歳
女　29.4歳
（H26年）
「人口動態統計」
社会教育
20歳
学校教育
家庭教育Ⅰ
親からの教育を
0歳

合計特殊出生率：4.54（昭和22年）
1.42（平成26年）人口動態調査

リカレント教育：学校を修了して社会に出た人が、必要に応じて働きながら
または仕事を離れ、再び学校で受ける教育をいう。

もなく、一日中家にいることによるストレスが原因で、頭痛、吐き気、不眠症、高血圧、うつ状態、胃痛、潰瘍など、症状は多岐にわたっています。

長い人生をどのように豊かに生きていくかが、今は重要なテーマになってきていますが、特に退職後の生き方を真剣に考える必要が男性にはありそうです。妻には負担をかけないような生き方、つまり自分一人で人生を生きていくことを、夫が自ら実践していかなくてはなりません。その一つが、地域の中に自分の居場所を見つけることと言えそうです。子ども時代から、地域社会を意識した生き方が大切なのです。

②学校教育の位置づけ

学校教育は20歳過ぎには終わるため、今日の急変する時代では、学校で教わった知識や技術だけで卒業後の人生60年を生きていくことには無理があります。そのため、一生を通じて学び続ける「生涯学習」の視点が重要になってきています。学校教育の基本は、人生を生きていくための基礎的な知識である「読み」「書き」「計算」がその中心となっており、「僕は国語が嫌いだから、漢字を覚えるのを止めた」というわけにはいきません。

わからないからといって放棄することもできません。教師は、子どもたちにわかるように教える責務がありますし、子どもたち自身も、日々努力して習得していかなければならないとても重要な教育の領域です。

また学校は、他の子どもたちとの関わりを通して、社会性の基礎を培っていく貴重な場でもあります。前述したように、友だち関係がうまくいかないと、子どもたちにとっての学校は、面白くないつまらないところになりますし、苦痛の場にすらなってしまいます。家庭の延長線上に位置しているため、家庭と学校との緊密な連携が必要になってきます。

③社会教育の位置づけ

ここでの社会教育は、学校以外の家庭や地域社会において行われる人々の学習活動を支援するという、行政サイドが考えるべき領域ですが、私たちは、この領域で一生を通して学んでいくことが重要です。

教育基本法第12条には、「個人の要望や社会の要請にこたえ、社会において行われる教育は、国及び地方公共団体によって奨励されなければならない」と指摘しています。また社会教育法第2条には、「社会教育の定義」として、「学校教育法に基づき、学校の教育課程として行われる教育活動を除き、主として青少年及び成人に対して行われる組織的な教育活動をいう」とあり、社会教育行政の職務が定められ、家庭教育の支援に力を注いでいます。

これまで、図書館、博物館、公民館、青少年教育施設、女性センターなどの施設の設置、講座・講習会等の開催、学習相談などに取り組んできていますが、最近では、子どもたちの自主性や社会性の育成などを目的とした体験活動、子育て中の親を対象にした講習会や子育て相談、ボランティア活動の推進などにも力を入れてきています。図39に示したように、家庭教育や学校教育が人生の中途で終わるのに対して、この領域は、人生の全てのライフステージとつながっていることからその重要性がお分かりいただけるでしょう。まさに、地域社会と直結した教育の領域なのです。

（3）教育の水平的な領域

次は、「教育の水平的領域」（図40）です。これは、「地域の中に家庭や学校が存在する」という、教育を水平的にとらえた考え方です。今日指摘されている教育的な問題が、「家庭教育」「学校教育」「社会教育」の三者のバランスの崩れが大きな原因であることが、この図をコマに例えればそのことがよくわかります。教育の中心軸を「地域」において、この三教育のバランスがうまくとれると回転はスムーズになるのですが、家庭教育の多くの役割を学校に依存してきたことによって家庭教育が弱体化する一方、学校教育は肥大化し、ひいては教育全体のアンバランスを

図40

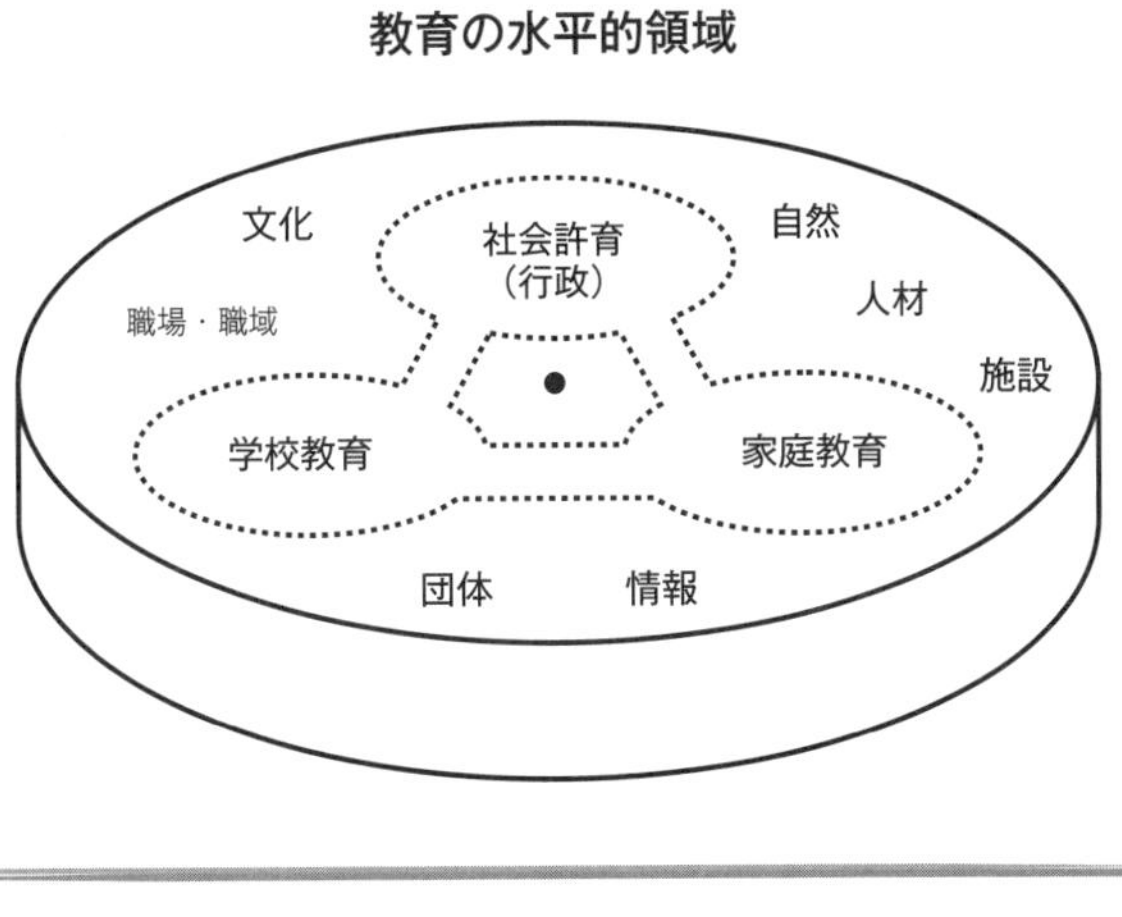
教育の水平的領域
文化
社会許育
（行政）
自然
人材
職場・職域
施設
学校教育
家庭教育
団体
情報

招き、結果的にコマの回転力（教育力）の弱体化につながっているのです。

今の子どもたちは、遊び仲間は同じクラスの子に偏り、屋外遊びは少なく、社会との接点がほとんどないため、社会で生きるための知恵や技術の習得が極めて困難な状況にあります。まずは、教育の基本に立ち返り、家庭教育、学校教育、社会教育それぞれの責任と役割を明確にするとともに、地域に存在する「自然」「文化」「人材」「職場・職域」「施設」などとの積極的な触れあいを図る必要があります。

地域活動に参加している多くの人々が、「活動や学ぶことは楽しい」と答えていますが、その理由を①活動を通してたくさんの仲間ができること②他人から言われてではなく、自分の意思でやりたいことに挑戦できること③肩書きや学歴などに関係なく、一人の人間として参加できること、などを挙げています。今、中年の女性たちが明るく輝いている理由の一つがこの地域活動にあります。〝地域活動は楽しい〟ということを、子どもや世の男性たちにぜひ語り伝えてほしいです。

3　教育の〝3R〟に、もう一つの〝R〟を加えよう

人間関係づくりの基本は「親と子のしっかりとした信頼関係」にあり、特に乳幼児期の母子関係が重要だと言われています。授乳のとき、子どもはミルクを飲むことを止めて、時々母親の顔を見るしぐさをしますが、これは「母親との関係を子どもが確認している行動」と言われています。母親の柔らかな胸に抱かれつつ、笑顔で優しく語りかけながらの授乳と、カリカリ、イライラしながら精神的に不安定な状態での授乳とでは、どちらに安心感や信頼性が生まれてくるかは明らかです。普段の家庭生活においても、よい親子関係ができてこそ他人との関係がうまくいくのです。

これまでの学校教育は、「読み」（Reading）、「書き」（Writing）、「計算」（Arithmetic）の3Rを中心に進められてきました。しかしこれからは「人間関係能力」（Human Relations）の育成にもっと力を注ぐことの必要性を強く感じています。

実は、人類学者A・モンタギュー（1905〜1999）は、「教育をこれまでの読み、書き、計算の3R'Sに第4のR（Human Relations）を加えた4R'sから展開していく必要が

あり、これが最も重要視されなければならない。学校の存在理由はここにある」[32]と述べ、人間関係の重要性を早くから指摘し、その役割を学校に求めていました。

ただ、今の日本の子どもたちの人間関係が、母親と学校の友だちに限られている事を考えると、もっと地域社会や経験豊かな人々との交流を促す必要があり、この4番目のRを地域社会に求めたいところです。経験や体験を伴わない頭だけの知識では、社会での生きる力にはなりにくいのです。

もう40年も前のことになりますが、日独青少年交流の一環として20名近くの若者とドイツに一カ月ほど出かけたことがあります。その時、ドイツ人の大学生たちと話し合いの機会を持ったところ、その中の一人が「今、東西の二極化が進む中で、欧州の団結をはかろうと我々は積極的に取り組んでいる。もしアメリカ経済が不安定になれば、間違いなく世界は大混乱に陥るだろう。そこで、もう一つの経済軸をヨーロッパに作ろうと考えているところだが、アジアにも、日本が中心となって置くべきではないか」と日本の若者の一人に質問してきたのです。

ＥＣの誕生によって、今後の方向性が重大な関心事であったことからこのような質問がなされたと思いますが、日本人の彼は「そのようなことは大学で教わらなかったので、自分にはわかりません」と答えてしまいました。正直人間と言ってしまえばそのとおりかもしれませんが、「そんな返答はないでしょう」と言いたくなりました。このような対応で良い対人関係が作れるはずもありません。翌日からは、ドイツ人学生が誰一人として彼に近寄っては来ませんでした。自分の考えを持たない人間は、相手にされないということの証です。

学校や塾では一つの正解を求めるため、〝他人と違ったことをするのはまずい〟と思い込んでいるようですが、社会には必ずしも正解はありませんので、その場に応じて自らが判断しなければなりません。他人と意見が違うのはあたり前であって、違うからこそ話し合って共通理解を図っていくことが大切です。

あとがき

かつて、上野動物園長中川史郎氏から「動物園で生まれ育った猿の中には、親になっても子育てができないものや、怖がって高い木に登れない小猿が出てきた」という話を聞きました。そういえば、計算ができると一躍有名になった京都大学霊長類研究所のチンパンジー・アイちゃんもまた、母親としての育児が心配されたことから、当時の助教授が縫いぐるみのチンパンジーの赤ちゃんをケージに持ち込み、抱っこの仕方などを教えていました。今の日本の子どもたちの生活が、このようなケージの中で飼われている動物園の動物と全く同じ状態にあるのではないでしょうか。

フランスの教育思想家J・Jルソーは、「エミール」[12]の中で「子どもを不幸にする一番確実な方法は何か、それをあなた方は知っているだろうか。それはいつでもなんでも手に入れられるようにしてやることだ」と書いています。また「人は子どもの身をまもることばかり考えているが、それでは十分ではない。大人になったとき、自分の身を守ることを、運命の打撃に耐え、富も貧困も意に介せず、必要とあればアイスランドの氷の中でも、マルタ島のやけつく岩のうえでも生活することを学ばせなければならない。……死をふせぐことよりも、生きさせることが必要なのだ。生きること、それは呼吸することではない。活動することだ。わたしたちの器官、感官、能力を、わたしたちに存在感をあたえる体のあらゆる部分をもちいることだ」とも言っています。「氷の中や、やけつく岩の上で生活する」などは言い過ぎとしても、教育の本質を鋭く突いているのではないでしょうか。

今の日本の子どもたちが多くの問題を抱えていることは確かです。ただ「家庭が楽しい」「親子の信頼関係がいい」と答える子どもたちは、学校が楽しく、友だち関係もよく、家の手伝いや地域活動も積極的に行っている傾向がみられます。信頼関係は一朝一夕にできるものではなく、日々の生活の中から育まれるものです。子どもの欠点をあげつらうのではなく、まずは子どもを信じ、子どもの話に耳を傾けることが最も大事なことです。そして、失敗を恐れないで子どもたちの興味関心を引き出しつつ、あらゆることに積極的に挑戦させることです。

子どもたちにとって家庭は、人格形成上とても大切なところですし、親の姿勢や態度がとても重要なことはおわかりいただけたことと思います。〝親が変われば、子どもは変わることができる〟のです。

今回の出版にあたり、(株)悠光堂代表取締役佐藤裕介さん、(株)ジェイクリエイト代表取締役城市奈那さんには大変お世話になりました。心から感謝するとともに御礼を申し上げます。

【資料1】

子どもや親からの相談

ここに、子どもたちが抱える悩みや心配ごと、親の子育てなどに関する悩みなどについて、産経新聞紙上相談、WEB相談（子ども未来研究室）の中からいくつかの事例を紹介しておきます。

■子どもからの相談

【Q1】「いい学校に行ってもダメですか？」（小3男子）

僕はまじめに勉強しています。塾にも通っていますし、できれば東京都内の有名私学に進学したいと思っています。でもクラスの友だちに「これからはいい学校なんか行ってもダメさ」と言われてしまいました。どうなのですか？

【A】質問があります。①なぜ、有名私立学校に行きたいのですか？　②何のために勉強をするのですか？　③なぜ塾に行くのですか？　④将来どんな仕事をし、どんな人生を歩んでいきたいのですか？　⑤いい学校とは、偏差値の高い学校のことですか？

新しい技術が生まれたり、環境問題など国を超えた問題が次々に出てきています。このような時代には、学校だけの勉強では間に合わないので、年齢に関係なく一生勉強を続けていく必要があります。

厚生労働省の平成16年調査[33]によれば、大学卒業後、就職した若者たちの37％が3年以内に辞めています。また平成17年の調査[34]から辞める理由を調べてみると、「仕事が合わない、またはつまらないから」26％、「人間関係が良くない」18％、「結婚・出産した（しようとしていた）から」15％などとなっています。

最初から自分に合った仕事などなかなかないし、仕事をしながら身につけていくものです。どんな職場でも、人間関係はわずらわしいものです。私たちはこのような複雑な社会で生きていかなくてはならないのです。

最近のリストラで会社を辞めさせられた人のなかには一流大学を卒業した人もたくさんいました。これからは学歴だけで生きていくことは難しいかもしれません。「だから勉強してもムダだ！」というのではなく、何のために勉強するのか、最初の質問を自分のこととして考えてみてください。自分の人生は自分がつくっていかなくてはならないからです。
（「子ども未来研究室」斎藤哲瑯）

【Q2】　今ぼくは、学校に行くのがイヤでたまりません。それは仲がいいと思っていた友だちに、好きな女の子のことをこっそり相談したら、次の日にはクラスのみんなが知っていて、みんながぼくを見てひそひそ話しをするからです。〝ないしょ〟と言っていたのに、むかつきます。その友だちも無視します。好きな女の子も僕をさけているようです。もう学校に行きたくないです。（小5男子）

【A】　君が学校に行くのがイヤなのが、よくわかりませんね。君が学校に行きたくない理由は、①友だちが、裏切った②クラスのみんなが、きみのことをうわさしている③好きな女の子が、君のことをさけている、の3つですよね。

ところが、①の理由は君と友だち二人の問題です。この問題については、二人の間で決着をつけることができます。友だちに文句を言ってやるとか、場合によっては、殴ってやればいい。最悪の場合は、絶交してもかまいません。親友を裏切るようなやつは、それくらいしてもいいでしょう。

さて、②と③については、どうでしょうか。この状況を、君は「いやだなあ」と感じているようですが、僕からみれば非常にラッキーな状態なんですよ。君は今まで、好きな女の子のことを、だれにも話していなかったでしょう。つまり、君の気持ちは、だれも気付かなかった。ところが、おっちょこちょいの友だちが、君に代わって、そのことを伝えてくれた訳です。

これで、君の気持ちは女の子にも伝わったし、クラスのみんなにも知れたのです。さて、これからが勝負どころです。今はうわさの人だから、相手の女の子も君のことをさけるでしょうが、かげからこっそり君のことを観察しているはずです。ここで、君がくよくよしたり学校を休んでしまったら、せっかくのチャンスが台無しになるでしょう。ここは、クラスのうわさなんか気にしないで、胸をはって行動することです。女の子を好きになることは、悪いことじゃないんですよ。君が今、こそこそしていたら、相手の女の子は、君のことを疑うかもしれません。

うわさが真実だということを証明するためにも、君は、周りの連中のことなんか気にしないで、好きな女の子のことだけ考えていれば良いのです。どうですか。少しは元気がでましたか。こんなことで学校に行きたくないなんて考えるようでは、好きな女の子にも逃げられちゃいます。そもそも学校に行かなければ女の子の顔も見られないでしょう。

ついでに言えば、こんなラッキーチャンスを与えてくれた友だちに、君は感謝すべきなんですよ。君は、友だちが裏切ったと思っているかもしれないけれど、君が、友だちに打ちあけたときに、君は、自分の気持ちを、他人に伝えたいという思いがあったはずです。無意識のうちに、このことを相手の女の子が知ってくれたらなあ、という願いがあったんじゃないでしょうか。さあ、勇気を出して、学校行きましょう。（「子ども未来研究室」那須正幹）

【Q3】昼まで寝て遊び回る弟（姉）

高校を卒業したばかりの弟ですが、ものすごくだらしないのです。昼まで寝ている。毎日のように遊び回り、お金をせがむ。気に入らないと暴れる。私や両親が注意しても、聞く耳を持ちません。でも時に、とても素直に家族と出かけたり、頼まれた家事の手伝いをしたりします。今後、弟がどうなるか心配です。どうすればいいでしょうか。

【A】弟さんは、体は大人でも精神的には成長しきっていない中途半端な時期にあります。何をどうしていいのか自分でも分からないのだと考えられます。

夜、寝るのが遅ければ、朝起きるのが遅くなり、その結果、朝食を食べたり食べなかったり、頭の回転も悪くなり、元気も出ません。イライラするのは当たり前。まずは生活を見直す必要があります。

弟さんの行動は、もっと自分と向き合ってほしいという思いの現れだといえます。「家族と出かけたり、家の手伝いを頼むときちんとする」のは、弟さんが家族の一員として認めてもらっていると感じられるからです。あら探しをするよりも、いいところを見つけて認めてあげることが大切です。

また、弟さんだけの問題ではなく、家族全員の問題と考えるべきです。その点、ご両親の姿が見えてこないのが心配です。家庭では「心の安らぎ」や「家族の信頼関係」が最も大切です。できるだけ家族が一緒に食事をし、楽しく会話ができる雰囲気を、みんなでつくるよう心がけてほしいものです。

自分で考え、自分で決め、自分が実行して責任を持つ。この一つでもできないと、社会人として認めてもらえません。その基礎づくりをする場が家庭で、家族の協力がなければできません。お互いを認めあえるような家族の関係をどのように作っていくか、家族みんなで話し合ってほしいのです。（「子ども未来研究室」斎藤哲瑯）

【Q4】　大津の事件は気の毒ですが、私のクラスでもシカトも含めいじめはあります。でもいじめている人たちは、クラスで力を持ってないので、いじめられている人は友達に救われています。ただ問題なのは、先生に言いに行ってもほとんどまともに取り合わないことです。なぜかなと思います。（小5女子）

【A】　たしかに、先生がまともに取り合ってくれないのは問題だね。なぜそうなのかは先生に聞かないとわからないけど、その先生をちゃんと働かせる方法はあります。（いじめられている子を救うのは先生の仕事です）

その方法ですが、毎週、児童会でいじめのアンケートをとるようにします。質問は、「今、あなたのクラスではいじめがありますか？」、これだけです。答え方は○か×を書くだけで、ほかにはなにも書きません。もちろん、無記名です。で、○と答えた人の人数をクラスごとに集計して一覧表をつくり、教室にはりだします。○だけじゃ、だれがだれをいじめているかわからないと心配になるかもしれませんが、それは先生が見つければいいんです。それも先生の仕事です。

アンケートは、1年間続けること、先生ではなく児童会（子ども）がやること。それがポイントです。先生が仕事をサボっていれば、いつまでたっても○の数は減りません。それどころか増えていくかもしれません。こうして、みんなで、いじめだけでなく、先生の仕事ぶりも監視していくわけです。

いじめは昔からあるし、大人の世界にもあります。きっと、これからもなくならないでしょう。でも、みんなでどんどんちくって、どんないじめにも先生がしっかりと仕事をするようになれば、いじめられている子を早く救うことはできます。こんなアンケート、始めてみませんか。（「子ども未来研究室」野村一秋）

【Q5】　親友と思っていたA君が、僕の悪口（チビとか本当は大して賢くない）を友だちに話しているのが分かりました。別に僕はかまいませんが、A君にそのことを言うべきか、ほっておくべきか分かりません。塾も一緒なので、ちょっとうっとうしい感じです。

（中1男子）

【A】　はじめまして。お役に立てれば幸いです。「言うべきか、ほっておくべきか」。どちらかが正しいということはありません。どうするべきかは、そのときの状況によるし、あなた自身の性格にもよるでしょう。

まず、状況について。A君が悪口を言っていたというのが、根も葉もないうわさだったという場合はあるでしょう。それを確かめるためにまず、A君に直接、聞いてみてもよいと思います。もしも、単なるうわさであることが分かったなら、うわさを信じていたことを率直に謝るべきだし、そうすることによってA君との友情はさらに深まるでしょう。

ところが、「別に僕はかまいません」という言葉からすると、あなたはA君にそういうことがあったのかどうか聞いてみる気力がないようだし、聞いてみる状況にはないようです。そこで、あなたは疑問や不満を鬱積させているのですね。そこで、性格についてです。

自分の中に疑問や不満があったとき、それらを他人にぶつける、つまり、他人と戦ったり話し合ったりすることによって、解決あるいは解消しようとする性格を「外向的性格」と言います。それに対して、疑問や不満を自分にぶつける、つまり、自分自身について考えたり自分と他者との関係について考えたりすることによって、解決あるいは解消しようとする性格を「内向的性格」と言います。

もっとも、それぞれの人間がどちらかの性格のみを有しているというわけではありません。それぞれの人間は外向的性格と内向的性格の両面をもっているのですが、人ごとにいずれかの性格傾向が優勢を占めている場合が多いのです。もちろん、どちらかの性格が正しいというわけではありません。家庭や社会を形成する上で、二つの性格が互いを補っています。結婚する男女のいずれか一方は内向的性格、他方は外向的性格であり、それぞれが補い合って、夫婦がうまくいっているということはよく言われます。

あなたの場合、悪口のことを聞いてすぐにA君に聞いたり話しをしたりしたとすれば外交的性格、どうするべきか考え込んだとすれば内向的性格ということになるのでしょうが、もちろん、どちらが正しいということはありません。要は、そのときの状況とあなた自身の性格を把握し活かすことです。（「子ども未来研究室」宇野正秀）

■親からの相談

【Q1】息子が、友だちの大切な物を隠したり盗ったりしているようですが、どのようにしたらいいでしょうか（小1男・母親）

【A】人の言動には必ず理由があるはずです。よく、「子どもが人の物をとったりして困っているのですが、どのようにしたらいいですか」と聞かれることがあります。

しかしその前に、「この子はなぜそのような行動をとるのだろうか。どんな理由があるのだろうか」と、じっくり考えてみる必要があります。

小学校低学年くらいの子どもだと、自分の考えや思いを相手に的確に伝えるだけの語彙を持っていませんし、何をどのように伝えたら相手が理解してくれるだろうかなど、考えも及ばないと思います。

人の物を盗ったりするような行動は、親の気持ちを自分に引きつけるための〝合図〟であることが多いと思われますので、子どもがどんなメッセージを発しようとしているのか、親の気づきが非常に重要になってきます。

もしかしたら、子どもの話に耳を傾ける姿勢が、普段から足らないのかもしれません。

子どもの言動に必要以上に口を挟んだり、指示をしていませんか。冷静になって、チェックしてみてください。

本人も悪いことだとわかっているはずです。もし、「隠したり盗んだりすることは悪いことでしょう。どうしてそんなことをするの？ お母さんは恥ずかしくて人の前に出られないわ」などと親の立場だけでしかったところで、何ら問題は解決しません。

取り調べを受けているような雰囲気になってしまうと、子どもは心を開いてくれませんし、かえって関係が悪くなってしまいます。追いつめるのではなく、子どもが話しやすい雰囲気をつくることが大切です。少し時間はかかると思いますが根気強く努力してみてください。

親子の信頼関係がとても重要ですので、その点は気をつけてください。そして、子どもが本当のことを話したときには、それを受け入れてあげることが大切です。

「自分の伝えたいことを聞いてくれているんだ」「自分を信じてくれているんだ」と思えるようになったら、子どもは安心するでしょう。問題行動だけに目を向けないで、そうさせている要因に心を向け、子どもの立場で考えることが重要です。

子どもは、もっと自分の方に目を向けてほしいと思っているに違いありません。（産経新聞「子育て相談塾」斎藤哲瑯）

【Q2】クラスの子とうまく関われない息子（小4男・母親）

担任の先生から「お宅のお子さんは、授業中に後ろを向いたり、一人で何か書き物をしていたり、少し落ち着きがないですね」と指摘されました。他の子から注意されたりすると、周りの状況を考えずに大声を出したり、怒り出したり、口げんかになったりすることが時々あるようです。

少し温かい目で気長に見守ってやろうと思いますが、どうアドバイスしてやればよいでしょうか。このままいじめや不登校に発展しないかと心配しています。

【A】学校生活では、集団で活動や行動を行う場面が数多くあり、みんなと歩調を合わせることが求められます。行動の早い子もいれば遅い子もいますので、どこにその基準を置くかは難しいところですが、ＴＰＯによって子どもの歩調に合わせるような柔軟な発想と指導性が求められます。

林間学校でよく行われる野外炊飯では、グループごとに食事を作って一緒に食べることが多いのですが、早い子は10分かからず食べ終わりますし、30分近くかかる子もいます。このようなとき「いつまで食べているのだ。早く食べないと次の活動の時間に間に合わないではないか。何をやっても遅いやつだ」と、食事の遅い子がよく叱られます。でもよく考えてみてください。普段は「食事はよくかんで、ゆっくり食べよう」と教わっているのに、なぜこの時だけ叱られるのか、子どもは理解できないでしょう。これでは、楽しいはずの林間学校は面白くなくなってしまいます。「食事は楽しく食べること」が大事ですから、その点は気をつけたいものです。

なぜ授業中に後ろを向いたり書き物をしたりしているのか、もう一度先生とよく話し合ってみてください。それと、スクールカウンセラーの先生にも相談されることをお勧めします。

「遅い子はダメな子だ」と言われ続けると信頼関係は薄れ、子どもは自信を失いかねません。保護者や先生の言動がとても大切になってきますし、ダメだと批判するのではなく、あまりガミガミ言わないで、お子さんの優しさを大切にしながら子どもの良いところを見つける努力をしてほしいですね。

また、今の家庭は母子関係が強すぎるあまり、父子関係が弱くなってきています。お父さんにはできるだけ子どもさんを屋外に連れ出して、家庭や学校ではできないことを経験させ、家族が楽しみを共有できるような場面をつくってほしいですね。その時、お子さんの友だちも一緒に加えてみてください。お子さんの嬉しさや楽しさはきっと倍増することでしょう。（「子ども未来研究室」斎藤哲瑯）

【Q3】約束を守らない男の子（小5男・母親）

宿題をやりたくないのか、学校からの連絡をきちんとメモしてきません。結局、宿題は一日遅れでやっていかなければならないので、「最初からやったほうがいいでしょ」と言うと「わかった」と答えます。しかし、同じことが何回も続きます。先生からは「お母さんがいろいろやってあげてしまっているのでは」「親に嘘をつくのは何か家族の問題があるのでは」などと言われます。

児童相談室にも電話をしました。実家に一人旅をさせたり、4月からカブスカウトにも入れました。小2から剣道もやっています。子どもの性格は明るく、誰とでもすぐに仲良くなれますし、小さい子の面倒もよくみます。ただ、子どもの言うことの全部を信じることができないでいます。「約束を守る大切さ」をどうやってわからせたらいいのでしょうか。

【A】お子さんのことに対する心配はよくわかりますが、お子さんを否定的に捉えすぎたり、過干渉になっていませんか。

日本人は、他人の良いところを見つけるよりも、相手の欠点や失敗の部分を指摘することがあまりにも多いような気がします。人からほめられたり、自分の話をよく聞いてくれたり、自分の存在を人から認められたときなどは、安心感や喜びを感じるものです。

〝宿題をしない〟〝連絡帳を書かない〟などの行動は、もしかしたらお母さんとの関係をもっととりたいという無意識の行動かもしれませんし、心のどこかに寂しさを感じているのかもしれません。それに、ボーイスカウトや剣道が、お母さんから一方的に押しつけられたものであったら、〝本当は辛いのでやめたいが、やめたらお母さんの期待を裏切ることになる〟と、子どもの負担になっていませんか。お子さんの全体を見て、もっと良いところを取り上げて伸ばしていくように心がけることと、お子さんとしっかりと向き合うことが必要だと思われます。

気持ちは優しく、性格も明るく、仲良しの友だちも多く、小さい子の面倒をよく見るなど、とても素晴らしいお子さんではないですか。もっと誇りを持ってほしいですね。そして、お母さんの休みの日などには友だちを招き、一緒に食事を作って食べるようなことをしたらどうでしょう。友だちを大事にしてくれる親をきっと誇りに思いますし、喜びを感じることでしょう。宿題を忘れたりすることだけを取り上げて問題視しても、根本的な問題解決にはつながらないと思われます。（「子ども未来研究室」斎藤哲瑯）

【Q4】子どもの「性教育」はどのようにしたらいいですか？（中学生・母親）

【A】「性」のことについて家庭で話し合うのは、恥ずかしさもあって難しいと思います。しかし、「子どもの健康、そして命を守る」という視点から取り上げる必要性は増しています。というのも、少し前までは、結婚するまではお互いを尊重しようと、一定のケジメがあったように思いますが、近年の性情報の氾濫の影響もあってか、子どもたちは「好きだったらいいじゃん！」と、性交に対する考え方が非常に安易になってきているからです。

その結果、青少年の妊娠や性病、エイズなどが確実に広がっています。お互いを思いやる気持ちと、自分の体や健康は自分で守ることの大切さを、大人の責任において子どもたちに伝えなければなりません。

こんなデータがあります。「若者の性白書」[35]によると、「性交経験」は中学生3％、高校生25％、大学生56％で、性交の動機については、「好きだから」が最も多く、中学生59％、高校生と大学生は、ともに68％に達していました。さらに、「性交のとき性病やエイズが気になりますか」との問いに、「全然気にならない」と答えた中学生は32％、高校生20％、大学生25％、「避妊している」という中学生は63％、高校生50％、大学生66％という結果でした。

これらの数字から言えるのは、「性交はダメよ！」と言ったところで、今の多くの高校生や大学生にはもはや通じないでしょう。それよりも、10代の人工妊娠中絶者数が4万人を超えている現状（厚生労働省調査）[36]を考えると、子どもたちには健康や命の大切さと併せて、妊娠や性病に罹らない方策を、「年齢に応じた形」で教えなければなりません。

学校でもさまざまな取り組みがなされていますが、まずは親の責任において、わが子をどのように守っていくかを真剣に考えなければなりません。個人での対応が難しい課題でもありますので、PTAなどが中心となって、専門医の協力を得ながら親子が一緒に学習できる機会を学校や公民館などでつくってほしいのです。そうなれば、家庭でも話しやすくなりますし、子供の悩みなどを聞く姿勢も生まれてくるでしょう。

親子が一緒に学ぶことに意義があり、子供たちは自分を大事にする意味を学ぶことにも通じるでしょう。もはや他人任せにして済まされる状況ではないと考えます。

（産経新聞「子育て相談塾」斎藤哲瑯）

【Q5】テレビゲームの時間を守らせるためにはどうしたら良いか？（中・親）

【A】子どもたちが熱中するテレビゲームをやってみたことがあります。だんだん面白くなり、中途で止めるのが困難なことを実感しました。ゲームに熱中する子どもたちの気持ちがよく分かります。ここでのポイントは、子どもに約束を守ることの大切さを教えることに加えて、子どもの健康面に対する配慮が必要な点です。

まず健康面ですが、子どもたちの睡眠時間（10～15歳、NHK調査㊲）を調べてみると、昭和35年＝9時間12分、55年＝8時間30分、平成12年＝8時間となり、40年前に比べて一時間減りました。

また、夜型の生活の影響もあって、「睡眠リズム障害」が増えてきています。眠りたい時に眠れない。就寝時間が遅くなる。そのため、朝起きるのが遅く、朝食を食べないまま登校するため、体の疲れなどから勉強への集中力や意欲が減退するなど健康面への心配が増しています。ですから、子どもの健康も視野に入れながら、時間を守らせることについて考えていく必要があると思います。

便利で豊かな生活の中で生きているため、我慢することや約束を守らせることが難しい時代になりました。「ゲームは○○時までよ」と約束しても、いつの間にか、なし崩しになってしまうのが現状でしょう。このような状態を繰り返すと、最初に約束しても、しばらく我慢すれば親はそのうち何も言わなくなるだろうと、子どもは自分に都合のいいように学習していきます。

約束を守らなければ強制約にテレビゲームを取り上げるのも一つの方法ですが、これではお互いに感情的なしこりだけが残ってしまいます。子どもの自己決定・自己管理が理想的ですが、子育てにはどうしても忍耐と努力が必要ですし、安易な方法を選ぶことは、結局、子どもの育成にはマイナスに働いてしまうことが多いのです。社会には約束ごとがあり、人との約束は必ず守ること、約束を守ればゲームができて楽しめることなどを子どもと正面から話し合うように努力してみてください。

そのためには、まず親の考えを子どもに伝えると同時に、子どもの言い分を引き出す親の姿勢が大切です。家庭内の約束ごとには、家族全員が参加して一緒にルールを作っていくことや、そのプロセスも大事です。一方的に子どもに指示するだけではなく、子どもの健康を併せ考えながら、家族でお互いが努力を積み重ねていくことが必要ではないでしょうか。（産経新聞「子育て相談塾」斎藤哲瑯）

【資料2】

〝お子さんとの関わり方は！〟

☆親の役割は、子どもに自立心や社会性を身につけさせ、人間として社会に送り出してやること。

☆子どもは親の言動を合わせ鏡のように真似ていくため、親の言動が大事。

☆家庭は楽しく安らぎの持てる場所であること。親子の信頼関係づくりがその基本となる。

☆子どもにしっかりと向き合い、じっくりと話を聞いてやることが特に大事。

☆人は生まれてから、家庭、学校、地域社会（自然）をバランスよく経験することが大切で、家庭や学校中心の生活だけでは、社会の中での生きる力につながらない。

☆人は誰でも〝自分のことを認めてほしい、かまってほしい、理解し合えるような人がほしい〟もの。

▲〝人間は、全然食物のないところでは生きることが出来ず、全然光のない世界では物を見ることが出来ないと同様、全然愛のない世界では希望をつなぐことができないものなのである〟（「次郎物語」下村湖人）

▲〝子どもを不幸にするいちばん確実な方法はなにか、それをあなた方は知っているだろうか。それはいつでもなんでも手に入れられるようにしてやることだ〟

（「エミール」J・Jルソー：フランスの思想家）

☆子どもが「愛されている」と感じるとき

～乳幼児期において特に大切～

・優しく笑顔で見つめられること

・優しく笑顔で語られること

・優しく抱きしめられること

＊「愛」とは、その人が持っている価値を肯定することであり、相手の感情や気持ちを認めることである。

＊特に、乳幼児期の母子の信頼関係づくりが重要。

チェックしてみましょう

1．子どもにとって家庭が安らぎの場になっていますか?

□子どもと十分なコミュニケーションと、子どもの存在を認めることに努めていますか。

□良い夫婦関係になっていますか。

□家庭で「楽しい会話」ができるように努めていますか。

□子どもの声に耳を傾けていますか。

□子どもが言う（行う）前に、一方的に指示をしていませんか。

□子どもを、自分のワクの中に閉じこめようとしていませんか。

□成績や学校名、数値やラベルなどで子どもを評価していませんか。

□子どもの前で、他の子どもと比較したり他人の悪口を言ったりすることはありませんか。

2．子どもとしっかり向き合っていますか？

□子どもを問いつめたり、一方的に叱りつけたりしていませんか。

・親への口答えや反抗の態度は、〝聞いてほしい〟、〝関心を持ってほしい〟というサインの可能性が。

□子どもから話ができるような雰囲気を作っていますか。

□社会では「自分で考え、自分で判断し、判断したら自ら実行し、自分が責任を持つこと」が求められますが、このような視点で子どもに接していますか。

3. 子どもに対する姿勢はどのようになっていますか?

□ 人として大切な「殺すなかれ、盗むなかれ、偽るなかれ」の3つの「なかれ」[38]を子どもに伝えていますか。

□ 子どもに対して否定的な言葉を多用していませんか。

□ 子どもを誉めることをどれぐらいしていますか。

□ 子どもの人格否定につながるような叱り方をしていませんか。

4. 「生活」、「命」などについて、家族で話し合ったことはありますか?

□ 人間とて動物です。動物は「自分の命は自分で守ること」「餌は自分で採って食べること」ができて初めて親から独立できるのです。これが「自立」の原点です。

人間としては「自分が調理して食べることができる」ことが必要になってきます。

□ 生きる基本は「生活力」にあり、親離れができないと他人との関係もうまく作れない。

5．子どもを、自然や地域社会に目を向けさせるような話や行動をしていますか？

□　社会の動きや変化について、家族で話し合っていますか。

・狭い範囲の中での生活では、異質な人との関係がうまく作れません。

・自然や地域社会との触れあいは、本物との出会いや発見があり、感動の場面があります。

・「家庭、学校、塾」中心の生活から「時間・空間・人間関係」の「3つの間」を変える努力を。そして「家庭・学校・社会」をバランスよく経験させることを。

6．家庭生活の中で、身辺整理、料理、掃除、洗濯などを子どもにさせていますか？

□　自分のことができる子は、外に出ることが苦にならないし、他人への気配りもできることに。

7．子どもの健康づくり、情緒的な面を認めてやるような行動をとっていますか？

□ 子どもの健康づくりについて、どのように考えていますか。

□「食」のバランスなどについて、どのように考えていますか。

□ 子どもの好きなことや特技などを伸ばしてやるように努めていますか。
（何かに興味・関心をもったら、怖がらないでそれに挑戦させてみること、実物に触れさせてみることを）

【引用文献等】

①「児童生徒の『生と死』のイメージに関する調査」長崎県教育委員会（平成17年）
②「人間の発達課題と教育」Ｒ．Ｊ．ハヴィガースト（１９００～１９９１）（１９４８年）
③「我孫子市『子育て』『子育ち』環境等に関する総合調査」（平成24年）
④「平成26年中の出会い系サイト及びコミュニティサイトに起因する事犯の現状と対策について」警察庁（平成27年4月）
⑤「女子大生の『食』に関する調査」子ども生活文化研究会（平成17年3月）
⑥「子どもたちの日常行動や親子関係、各種体験等に関する調査」川村学園女子大学子ども研究会（平成19年）
⑦「交通事故死傷者数」総務省統計局政府統計一覧（平成25年）
⑧「子ども・若者白書」平成25年版　内閣府
⑨「産業界の求める人材像と大学への期待に関するアンケート調査」（社）日本経済団体連合会（２０１１年）
⑩「角川漢和中辞典」角川書店（昭和38年度版）
⑪「次郎物語」下村湖人　旺文社文庫（１９７９年第26版）
⑫「エミール」Ｊ．Ｊルソー（１７１２～１７７８）岩波文庫第35版（１９８５年）
⑬「新規学卒者の離職状況調査」厚生労働省

⑭「子どもたちの自然体験・生活体験に関する実態調査」青少年教育活動研究会（平成3，7，12，13，16年）
⑮「子どもを取り巻く教育環境等に関する調査」川村学園女子大学斎藤研究室（平成22年）
⑯「世界の食料自給率」農林水産省（2011年）
⑰「児童の天文に関する調査」国立天文台（平成16年）
⑱「児童虐待相談件数」厚生労働省
⑲「第5回学習指導基本調査」ベネッセ総合教育研究所（2010年）
⑳「公立小中学校教師・保護者意識調査」文部科学省（平成24年度）
㉑「OECD国際教員指導環境調査」（平成25年）
㉒「低年齢少年の生活と意識に関する調査」内閣府（平成19年）
㉓「児童生徒の問題行動等生徒指導上の諸問題に関する調査」文部科学省（平成26年度）
㉔「全国体力･運動能力、運動習慣等調査」文部科学省（平成26年度）
㉕「父母と先生の会のあり方」（報告）文部省社会教育審議会（昭和42年）
㉖「PTAは必要？　不要？」朝日新聞デジタル（http://www.asahi.com/opinion/forum/004/）
㉗「PTAを活性化するための調査」NPO法人教育支援協会（平成21年度）
㉘「鳥取県PTA活動調査」鳥取県教育委員会（平成18年度）（http://www.pref.tottori.lg.jp/153812.htm）

㉙「ＮＰＯ法人おやじ日本」文部科学省・「おやじ日本」ＨＰ
㉚「保護者の家庭教育参加に関する意識調査」横浜市教育委員会（平成20年）
㉛「主人在宅ストレス症候群」黒川順夫著　双葉社（１９３３年11月）
㉜「Ashley Montagu ON BEING HUMAN」By TSUYOSHI AMEMIYA SEIBIDO（１９７８年）
㉝「平成16年若年者雇用実態調査」厚生労働省
㉞「青少年の社会的自立に関する意識調査」内閣府（平成17年）
㉟「若者の性白書」（第７回青少年性行動全国調査報告書）（財）日本性教育協会（平成11年）
㊱「人口動態統計」厚生労働省（平成17年）
㊲「子どもの睡眠時間に関する調査」ＮＨＫ
㊳「こころを育む総合フォーラムからの提言」（財）松下教育研究財団（平成19年１月）

子どものいじめ相談・保護者の子育て相談などの窓口

『いじめ』などの子どもの相談、保護者の子育ての悩み相談などの窓口が設けられていますので、一人で悩まないで気軽に相談してください。

・子どもの人権110番（法務省法務局）　0120-007-110（全国共通）

平日の午前8時から午後5時15分まで、いじめ、体罰、不登校、親による虐待など、子どもに関する問題を解決に導くための電話相談窓口です。子どもだけでなく大人も利用できます。　http://www.moj.go.jp/JINKEN/jinken112.html

・24時間子供SOSダイヤル　0570-0-78310（全国共通）

全国のどこからでも、いつでも（夜間・休日を含めて24時間）子供のSOS全般を受け取れる相談窓口で、都道府県・指定都市教育委員会が主に担当しています。

・都道府県警察の少年相談窓口
子どもの問題で悩む保護者や、悩みを抱える子どもたちからの相談を、全国の都道府県警察で受けています。電話番号を確認してから連絡して下さい。
http://www.npa.go.jp/higaisya/shien/torikumi/madoguchi.htm

・いのちの電話相談
0120-738-556（フリーダイヤル：毎月10日午前8時から翌日午前8時まで）
0570-783-556（午前10時から午後10時まで）
一般社団法人「日本いのちの電話連盟」が、日本自殺予防学会と国際自殺予防学会と連携して、自殺予防のための活動を全国各地で行っています。
http://www.find-j.jp/about.html

・チャイルドライン　0120-99-7777
月曜日から土曜日の午後4時から午後9時まで、18才以下の子ども専用の電話相談で、いじめ、引きこもり、不登校、凶悪犯罪などの相談を受けています。

ＮＰＯ法人チャイルドライン支援センター　http://www.childline.or.jp/childline/

・児童相談所　全国共通ダイヤル「１８９」
児童の生活に関する相談や保護者の悩みなどに対する援助や指導を行っており、全国の都道府県に設置されています。
http://www.mhlw.go.jp/bunya/kodomo/dv30/h23.html

著者紹介

教育学博士　斎藤哲瑯《さいとうてつろう》

島根県生まれ。東洋大学社会学部卒、立教大学大学院社会学研究科修士課程修了。文部省社会教育課専門職員、国立花山少年自然の家事業課長、国立那須甲子少年自然の家事業課長、文部省婦人教育課課長補佐、文部省社会教育官を経て川村学園女子大学教授。

主著『生涯学習・社会教育解説Q&A』（著：ハーベスト出版）、『すぐに役立つ野外活動プログラム集』（編著：黎明書房）、『感動と体験のチャレンジ・アドベンチャー』（編著：黎明書房）、『生涯学習支援論』（共著：学文社）、『よくわかる生涯学習』（共著：ミネルヴァ書房）、『子ども学講座「子どもと文化」』（共著：一藝社）など。

立教大学、流通経済大学、鶴見大学、順天堂大学の各非常勤講師。

内閣府統計委員会専門委員、文部省明日の家庭教育研究会委員、千葉県地域子ども教室運営協議会委員長、千葉県学校・家庭・地域連絡推進協議会会長、千葉市子ども・若者支援地域協議会地方企画委員会座長、千葉市少年自然の家運営協議会委員長、東京都北区青少年健全育成行動計画策定検討小委員会委員長、東京都足立区生涯学習推進協議会委員、千

葉県船橋市生涯学習推進協議会会長、千葉県柏市社会教育委員会議長、（社）日本公園緑地協会公園や水辺における体験学習の推進方策に関する研究会委員、（財）パナソニック教育財団評議員など。

産経新聞紙上相談「子育て相談塾」、子ども未来研究室「教育相談」を担当。

千葉県合気道連盟評議員、千葉県船橋市合気道連盟監事。

【写真提供】

千葉市少年自然の家

船橋市三山中学校区学校支援地域本部

“大人になっても困らない子ども”を育てる親の役割とヒント

2016年3月31日　初版第一刷発行

著　　者　　斎藤　哲瑯
発 行 人　　佐藤　裕介
編 集 人　　岩岡　潤司
発 行 所　　株式会社 悠光堂
〒104-0045 東京都中央区築地6-4-5
シティスクエア築地1103
TEL. 03-6264-0523　FAX. 03-6264-0524
http://youkoodoo.co.jp/
制作・デザイン　　清水　和雄・渡辺　桂
印　　刷　　明和印刷株式会社

ISBN 978-4-906873-63-0　C0037